영어 단어 퍼즐

단어를 몰라도 재미있고,
찾다 보면 저절로 외워지는

영어 단어 퍼즐
WORD SEARCH PUZZLE

김영주 지음

슬로래빗

책을 활용하기에 앞서

단어 찾기 퍼즐이 뭔가요?

언어를 배우는 데 있어서 어휘력은 매우 중요합니다. 우리말도 어휘를 많이 알수록 상대방의 말을 잘 이해할 수 있는데, 영어는 두말할 필요도 없겠지요. 어휘력을 기르는 여러 방법 중에서 단어 찾기 퍼즐은 어휘를 쉽고 재미있게 습득하는 방법으로 많은 연구에서 검증되었습니다. 영어권 나라에서는 어릴 때부터 즐기는 놀이이고, 신문에도 단어 찾기 퍼즐이 나올 정도로 전통적인 놀이입니다.

단어 찾기 퍼즐이 왜 좋은가요?

단어를 일부러 외우지 않아도 철자를 반복적으로 머릿속에서 되짚으며 단어를 찾게 되기 때문에 철자를 더욱 쉽게 습득할 수 있습니다. 그 과정에서 시각적 인지 능력과 집중력이 좋아지고 두뇌의 전반적인 발달로 이어진답니다. 무엇보다도 가장 중요한 것은 퍼즐을 하는 동안 잡념이 사라진다는 것입니다.

영어 실력이 없어도 할 수 있나요?

이 책에 나온 단어는 중고등 필수 단어와 그밖에 일상생활에서 필요한 단어를 선별한 것입니다. 하지만 퍼즐에 나온 단어를 하나도 몰라도 괜찮아요. 알파벳을 읽을 수만 있다면 누구나 즐길 수 있는 놀이랍니다. 굳이 영어 공부를 목적으로 하지 않더라도, 심심풀이로 하다 보면 나도 모르게 어휘력이 향상됩니다.

이렇게 풀어보세요!

제시된 단어는 격자 모양의 퍼즐 안에 가로, 세로, 대각선으로 숨겨져 있어요! 상·하·좌·우 모든 방향으로 가능하지만, 반드시 직선으로만 나타납니다. 시선은 보통 좌에서 우로, 위에서 아래로 흐르기 때문에, 처음에는 그것과 반대로 놓인 단어를 찾기가 어려울 수 있으니 의식적으로 연습해 보세요.

또한, 다음 장의 예시에서 'W**A**TERFALL'과 'H**A**RBOR'의 '**A**'가 겹치는 것처럼 글자는 서로 겹칠 수 있습니다. 단, 'SUN'과 'SUNFLOWER'처럼 한 단어가 다른 단어에 완전히 포함되는 경우라면, 'SUN'을 찾을 때 'SUNFLOWER'가 아닌 다른 위치에서 찾아야 합니다.

단어에 만약 공백, 하이픈(-) 등의 문자가 포함되어 있다면, 퍼즐 안에서는 무시하고 찾아주세요. 예를 들어, 'I AM A BOY'를 퍼즐에서 찾으려면 공백을 제외한 'IAMABOY'를 찾고, 'FLIP-FLOP'은 'FLIPFLOP'을 찾으면 됩니다.

잘 찾기 위한 팁이 있나요?

눈에 쉽게 띄는 단어를 먼저 찾아보세요. 예를 들어, 'Q', 'X', 'Z'와 같이 잘 나오지 않는 알파벳을 포함하거나, 'STOOL'처럼 같은 알파벳이 반복된 단어가 쉽게 눈에 띕니다. 길이가 긴 단어의 경우 격자 끝에서 끝까지 단어가 놓일 수 있어서 쉽게 찾을 수 있습니다. 또는 단어 목록에 특정 알파벳으로 시작하는 단어가 많다면, 그 단어들을 먼저 찾으면 시간이 단축됩니다.

단어를 읊으면서 찾아보세요!

단어와 함께 발음과 뜻도 제시되어 있어요. 발음은 최대한 원어민 발음대로 쉽게 따라 읽을 수 있게 한글로 표기했고, 악센트가 들어가는 부분을 빨간색으로 표시했으니 단어를 읽으면서 찾아보세요. 철자뿐만 아니라 발음까지 함께 익힐 수 있답니다. 여기서 표기된 뜻은 해당 퍼즐의 주제에 맞는 대표 뜻이니 참고하세요!

이제, 함께 풀어볼까요?

ALL ABOUT WATER

```
W H S V R A P R A B
G A G X E U O O L A
Y R T H V H M M O Y
E B A E I V B E E L
L O N A R S F K R V
L R R A T F A Z D E
A C S R E L A N A C
V E E B P C A L Y X
A A P O N D O J L Z
M E S U O H H T A B
```

BATHHOUSE [뱃하우스] 목욕탕
BAY [베이] 만(灣)
CANAL [커내얼] 운하
✓ HARBOR [할벌] 항구
LAKE [레이크] 호수
MERE [미얼] 못
OCEAN [오우션] 대양
POND [판드] 연못
POOL [푸울] 수영장
RIVER [뤼벌] 강
SEA [씨] 바다
STREAM [스트륌] 개울
VALLEY [밸리] 계곡
✓ WATERFALL [워러펄] 폭포

IT IS A BEAUTIFUL SPRING DAY

▶ 정답 p.104

```
E S T F R Y R K S A
M Y H U L J K E V P
I N G G L O E S M R
T E I V O D W O U I
G B L J S R S E I L
N U N S F S F C R P
I Z U M O H C R A M
R L S L F U E B U B
P U B F S P R O U T
S O Z V G A R D E N
```

APRIL[에이쁘럴]   4월
BLOSSOM[블라쏨]   꽃
FLOWER[플라워얼]   꽃
FROG[프롹]   개구리

GARDEN[가알든]   정원
MARCH[마알취]   3월
SEEDS[시즈]   씨앗
SKY[스까이]   하늘

SPROUT[스쁘라웃]   새싹
SPRINGTIME[스쁘링타임]   봄날
SUNLIGHT[썬라잇]   햇살

I'M A BIG FAN OF SOCCER

▼ 정답 p.104

```
C B H M L R V S P R
D A A C E U T X E L
G E P Y T R O P N L
T D A T I A E F A A
S L D K A E M S L B
P O E R K I D N T H
P R L L M O N I Y X
L E A F E U G A E L
B O D E F E N D E R
G U Y X L I K H D D
```

BALL [버얼]   공
CAPTAIN [캡튼]   주장
DEFENDER [드펜덜]   수비수
FOUL [파울]   파울
GOALKEEPER [고울키펄]   골키퍼
LEAGUE [리이그]   리그
MATCH [맷취]   경기
PENALTY [페널티]   페널티
PLAYER [플레이얼]   선수
STRIKER [스뜨롸이컬]   공격수
TEAM [티임]   팀

PLANETS IN THE UNIVERSE

▶ 정답 p.104

```
N H T R A E N D U E
M R Z R V E N U S N
T E U R P U Q M C Z
S Y R T A H O O O S
C U U C A T O O M S
N N N S U S S N E U
E R B L R R H S T N
I A P R S A Y J S A
T E N A L P M C D R
J U P I T E R I J U
```

COMET [카멋] 행성
EARTH [얼쓰] 지구
JUPITER [쥬삐럴] 목성
MARS [마얼즈] 화성
MERCURY [멀큐리] 수성

MOONS [므운스] 위성
NEPTUNE [넵튜운] 해왕성
PLANET [플래닛] 행성
PLUTO [플루도우] 명왕성
SATURN [쌛언] 토성

STAR [스딸] 별
SUN [선] 태양
URANUS [유러너스] 천왕성
VENUS [비너스] 금성

WHAT KIND OF MUSICAL INSTRUMENT CAN YOU PLAY?

▶ 정답 p.104

O	L	O	C	C	I	P	B	N	T
O	T	X	H	S	V	G	O	E	N
W	I	O	X	I	C	I	P	Y	A
D	R	M	O	E	D	M	F	O	G
N	O	L	L	R	U	L	Y	N	R
I	I	L	O	R	U	A	H	A	O
N	O	C	T	T	M	B	U	I	C
D	C	I	E	B	N	U	F	P	H
A	H	A	R	P	A	T	R	Q	E
R	A	T	I	U	G	W	S	D	P

ACCORDION[어코얼디언] 아코디언
CELLO[첼로] 첼로
DRUM[쥬럼] 드럼
FLUTE[플롯] 플루트
GUITAR[깃타알] 기타
HARP[하알프] 하프
HORN[호온] 나팔
ORGAN[오올건] 오르간
PIANO[피애너우] 피아노
PICCOLO[피껄로우] 피콜로
TRUMPET[트럼뻿] 트럼펫
TUBA[투바] 튜바
VIOLIN[바이얼린] 바이올린

11

 # WHAT IS YOUR FAVORITE COLOR?

정답 p.105

```
T W W H I T E C F G
M M Z K G Y I Y R P
D T A C E V A A N U
O H X L X T Y N W R
K R L I N D I G O P
K O A E M B M U R L
W C G N G O L D B E
A A A A G F M U U G
M X K L H E G I E B
L D E R B E Z C V I
```

BEIGE[베이쥐]   베이지색
BLACK[블랙]   검은색
BLUE[블루우]   파란색
BROWN[브라운]   갈색
CYAN[사이은]   청록색

GOLD[고울드]   금색
GRAY[그레이]   회색
INDIGO[인디고]   남색
KHAKI[캐끼]   카키색
MAGENTA[머젠터]   마젠타색

ORANGE[오륀지]   주황색
PURPLE[펄쁠]   자주색
RED[뤠드]   빨간색
WHITE[와이트]   흰색
YELLOW[옐로우]   노란색

CREATE YOUR OWN DESIGNS BY USING SHAPES

▶ 정답 p.105

```
R D P K E H M N Y W
H E I E M L S B T C
O L C O N M C D Z R
M G U T Z T F R E E
B N S P A E A S I S
U A Q M O N P G H C
S I U R T I G A O E
S R A Y L L N L R N
M T R L W T B T E T
S H E X A G O N Q H
```

CIRCLE [썰끌] 원
CRESCENT [크레슨트] 초승달모양
ELLIPSE [일릎스] 타원
HEXAGON [헥서건] 육각형
LINE [라인] 선
PENTAGON [펜터간] 오각형
POINT [포인트] 점
RECTANGLE [렉탱걸] 직사각형
RHOMBUS [롬버스] 마름모
STAR [스딸] 별
SQUARE [스꿰얼] 정사각형
TRAPEZOID [트래뻐조읻] 부등변 사각형
TRIANGLE [트라이앵걸] 삼각형

13

GREAT ATTRACTIONS OF A CIRCUS SHOW

```
H I E L C Y C I N U
I Q Z X Q F W C A O
T T E K C I T I I M
R L P T A B O R C A
I P A R A D E C I A
C T R M H L L U G J
K P T I G O Z S A P
J F S G W N R I M W
R S U N R Y C S X C
N J K N Q X I L E J
```

ACROBAT [애끄러뱃] _____ 곡예사
CIRCUS [썰커스] _____ 서커스
CLOWN [클라운] _____ 광대
FUN [펀] _____ 재미
HORSE [호올스] _____ 말

JUGGLER [저글럴] _____ 저글링하는 사람
MAGICIAN [머지션] _____ 마술사
PARADE [퍼레이드] _____ 퍼레이드
TICKET [티낏] _____ 표

TRAPEZE [트래피이즈] _____ 공중그네
TRICK [트뤽] _____ 속임수
UNICYCLE [유너싸이껄] _____ 외발자전거

WONDERS OF WILDLIFE

▶ 정답 p.105

```
C X P T L R N F E E
H R U Y H I L X L F
I T O I T A O Q E F
P G N C M H S N P A
P O T I O N O H H R
O H N P P D W N A I
E G Z R E G I T N G
O S T R I C H L T U
H A T E E H C F E B
Z E B R A R B O C E
```

CHEETAH [취터]   치타
COBRA [코브라]   코브라
CROCODILE [크라꺼다일]
　　　　　　　　　악어
ELEPHANT [엘러펀트]   코끼리

FLAMINGO [플러밍고우]
　　　　　　　　　플라밍고
GIRAFFE [쥐래프]   기린
HIPPO [히뽀우]   하마
LION [라이언]   사자

OSTRICH [아스트리치]   타조
PYTHON [파이싼]   비단뱀
RHINO [롸이노우]   코뿔소
TIGER [타이걸]   호랑이
ZEBRA [지브러]   얼룩말

A PERFECT SUMMER VACATION ON THE BEACH

▶ 정답 p.106

```
S F L B L E I S I S
M P B O N E U F G E
G B O A U N W N B S
O A S L T N I O F S
P R A A F M G T T A
E C N U M P S E A L
B A D I R C I K P G
B O W S H E L L U N
L S N A E C O D F U
E P A R A S O L S S
```

CRAB[크랩] 게
FLIP-FLOPS[플립-플랍스] 슬리퍼
LOUNGE[라운쥐] 라운지
OCEAN[오우션] 대양
PARASOL[패러설] 파라솔
PEBBLE[페벌] 자갈
SAND[쌔앤드] 모래
SEA[씨] 바다
SHELL[쉘] 조개껍데기
SUNGLASSES[선글라시즈] 선글라스
SUNTAN[선태앤] 선탠
SWIMMING[스위밍] 수영
TOWEL[타우얼] 수건

BE CAREFUL WHEN YOU PLAY OUTSIDE IN WINTER

정답 p.106

```
S C G I S T C T R H
K A C N S N A S E G
A E M O I O M N B I
T S R T C I M O M E
I F C R S I K W E L
N L E A T I O S C S
G V F T R V R F E T
O H E V Y F B H D A
S N O W B A L L C H
S N A M W O N S K R
```

CHRISTMAS [크리스마스] 크리스마스
DECEMBER [디셈벌] 12월
FROST [프뤄스트] 성에
HAT [햇] 모자
ICE [아이스] 얼음
MITTENS [밋튼스] 벙어리 장갑
OVERCOAT [오벌코우트] 외투
SCARF [스깔프] 스카프
SKATING [스께이링] 스케이트
SKIING [스끼잉] 스키
SLEIGH [슬레이] 썰매
SNOW [스노우] 눈
SNOWBALL [스노우벌] 눈덩이
SNOWMAN [스노우맨] 눈사람

WHAT IS YOUR FAVORITE FLOWER?

정답 p.106

```
U Z X U C D T M C S
N O I L E D N A D U
T S T K A I R Y E L
U S F Z R N S F S O
L O W I A I L R O I
I M S T A Y N Y R D
P S I D P A N S Y A
F O R S Y T H I A L
N C Y L I L A C L G
R E W O L F N U S U
```

CARNATION[카네이션] 카네이션
COSMOS[카즈머스] 코스모스
DAISY[데이지] 데이지
DANDELION[댄들라이언] 민들레
FORSYTHIA[펄시씨어] 개나리
GLADIOLUS[글래디올러스] 글라디올러스
IRIS[아이어리스] 붓꽃
LILAC[라일락] 라일락
LILY[릴리] 백합
PANSY[팬지] 팬지
ROSE[로우즈] 장미
SUNFLOWER[선플라월] 해바라기
TULIP[튤륩] 튤립

THE SUMMER BREAK IS JUST AROUND THE CORNER

정답 p.106

B	F	R	U	I	T	W	V	I	N
F	U	B	N	S	U	A	S	C	O
X	N	T	U	U	C	Q	T	E	O
O	J	G	T	A	S	N	O	C	H
B	U	G	T	E	Q	N	R	R	P
A	W	I	J	G	R	A	M	E	Y
S	O	U	V	G	R	F	D	A	T
N	L	C	T	O	H	A	L	M	G
Y	A	D	I	L	O	H	S	Y	O
P	D	G	Q	L	Q	U	A	S	L

AUGUST [어거스트] 8월
BUTTERFLY [버럴플라이] 나비
FAN [팬] 선풍기
FRUIT [프루잍] 과일

GRASS [그래스] 풀
HOLIDAY [할러데이] 휴가
HOT [핫] 더운
ICECREAM [아이스크림] 아이스크림

JULY [줄라이] 7월
STORM [스또움] 폭풍
SUN [썬] 태양
TYPHOON [타이푼] 태풍
VACATION [베이케이션] 방학

NAMES OF CAR PARTS

```
S E A T B E L T K I
K E D O O R E J T R
N S R U A W N H E B
U B M I I K G P D V
R R U N T I I H L C
T O D M L W N T E E
V O O D P B E P E Z
W W A F U E P L H F
Z E O I D A R Q W R
H K I T W O I L P T
```

정답 p.107

BUMPER [범뻘] 범퍼
DOOR [도얼] 문
ENGINE [엔쥔] 엔진
HEADLIGHT [헫라이트] 헤드라이트
OIL [오이얼] 석유
RADIO [뤠이디오] 라디오
ROOF [루웊] 지붕
SEAT BELT [싯 벨트] 안전벨트
TIRES [타이얼스] 타이어
TRUNK [츠렁크] 트렁크
WHEEL [위얼] 바퀴
WINDOW [윈도우] 창문
WIPER [와이뻘] 와이퍼

TREES OF VARIOUS SORTS

정답 p.107

L	I	K	Z	E	B	I	R	C	H
A	P	A	N	U	H	G	A	A	H
R	O	O	B	C	M	D	L	O	A
C	M	A	E	A	H	I	P	O	V
H	Z	E	P	L	B	F	O	B	O
J	B	L	A	Y	C	O	P	M	K
R	E	N	I	P	G	E	A	A	L
F	I	C	B	T	W	A	D	B	E
S	E	F	I	U	H	H	B	A	Z
T	U	N	T	S	E	H	C	K	R

BAMBOO [뱀부] 대나무
BAOBAB [베이오뱁] 바오밥나무
BEECH [비이취] 너도밤나무
BIRCH [뻘취] 자작나무
CEDAR [씨덜] 삼나무

CHESTNUT [체스넛] 밤나무
EUCALYPTUS [유껄럽터스] 유칼립투스
FIR [퍼얼] 전나무
LARCH [라알취] 낙엽송

MAPLE [메이쁠] 단풍나무
OAK [오우크] 참나무
PINE [파인] 소나무
POPLAR [파쁠럴] 포플러
ZELKOVA [절커버] 느티나무

HAVE A GREAT TIME WITH YOU FAMILY AND RELATIVES

▶ 정답 p.107

```
V E C E I N R C R P
E F V N U E B H E A
L L O I H V A I H R
N S C T T S B L T E
Q E A N I A Y D O N
J F P S U Y L R R T
M O T H E R N E B N
Y E E M E K D N R U
R P E F I W Z I P A
R E T H G U A D W Y
```

AUNT[앤트] 이모, 고모
BABY[베이비] 아기
BROTHER[브러덜] 남자 형제
CHILDREN[칠드런] 아이들
DAUGHTER[더럴] 딸

FATHER[파덜] 아버지
MOTHER[머덜] 어머니
NEPHEW[네피유] 남자 조카
NIECE[니이스] 여자 조카
PARENT[페어런트] 부모

RELATIVE[렐러티브] 친척
SISTER[시스털] 여자 형제
SON[썬] 아들
UNCLE[엉클] 삼촌
WIFE[와이프] 부인

22

I LOVE ALL KINDS OF ICE CREAM

▶ 정답 p.107

A	C	H	T	R	U	G	O	Y	I
L	H	K	L	I	M	T	Z	D	I
L	O	I	H	C	A	T	S	I	P
I	C	T	E	L	Y	O	A	R	M
N	O	O	E	S	U	N	D	A	E
A	L	G	N	B	N	U	T	S	L
V	A	B	S	E	R	A	D	P	T
S	T	R	A	W	B	E	R	R	Y
R	E	U	B	R	P	K	H	J	F
W	V	R	V	N	H	E	W	S	B

BAR [바알] 막대아이스크림
CHOCOLATE [촤끌럿] 초콜릿
CONE [코운] 콘
GELATO [젤라토우] 젤라또
MELTY [멜티] 녹아가는
MILK [미을크] 우유
NUTS [넛츠] 견과
PISTACHIO [피스때쉬오우] 피스타치오
SHERBET [설벗] 셔벗
STRAWBERRY [스트러베리] 딸기
SUNDAE [썬데이] 선디아이스크림
VANILLA [버닐러] 바닐라
YOGURT [요걸트] 요구르트

I NEVER GO NEAR BUGS AND INSECTS

▶ 정답 p.108

```
D R A G O N F L Y O
M B E W A B P A L W
D O E D E N L D I Q
T M S E I F T Y A R
A E T Q L P P B N G
W L K Y U I S U S P
E A D C T I S G S H
P U P A I U T A F B
L G U B I R W O E U
Z A D A C I C S C E
```

ANT [애앤트] 개미
BEE [비이] 벌
BEETLE [삐이럴] 딱정벌레
BUG [벅] 벌레
CICADA [서케이더] 매미
CRICKET [크리낏] 귀뚜라미
DRAGONFLY [즈래건플라이] 잠자리
FLY [플라이] 파리
LADYBUG [레이디벅] 무당벌레
MOSQUITO [머스끼도우] 모기
PUPA [퓨빠] 번데기
SNAIL [스네이얼] 달팽이
SPIDER [스빠이덜] 거미
WASP [와스프] 말벌

I'M JUST GOING TO A BAKERY

▶ 정답 p.108

```
L L E K A C D H B G
S S E W V O J A A N
A L Y Z N E G U G I
N L O U T U E E E D
D O T T E E I I L D
W R D T R K M P U
I H T P O A B P X P
C E Y O Y R T S A P
H N C M U F F I N E
T I U C S I B A P G
```

BAGEL [베이걸] 베이글
BAGUETTE [배겟] 바게트
BISCUIT [비스킷] 비스킷
CAKE [케익] 케이크
COOKIE [쿠끼] 쿠키

DONUT [도우넛] 도넛
MUFFIN [머핀] 머핀
PASTRY [페이스트리] 패스트리
PIE [파이] 파이
PRETZEL [프레쯜] 프레즐

PUDDING [푸딩] 푸딩
ROLLS [롤스] 모닝빵
SANDWICH [새앤윗치] 샌드위치
TART [탈트] 타르트

25

WHAT'S THE WEATHER LIKE TODAY?

```
G R A I N B O W G C
S V D K N G S N F L
L Q C E O X I K O E
I D U M W N R O G A
A K S A T C N I A R
H S K H L T S O R F
W O G O H L M X B E
Y I U W I N D L Q D
L D R Y J M E U A D
W D S H O W E R U C
```

CALM[카암] 고요한	FOG[퍼그] 안개	RAINBOW[레인보우] 무지개
CLEAR[클리얼] 맑은	FROST[프로스트] 성에	SHOWER[샤워얼] 소나기
CLOUD[클라웃] 구름	HAIL[헤이얼] 싸락눈	SMOG[스마그] 스모그
DEW[듀] 이슬	LIGHTNING[라잇닝] 번개	SQUALL[스꾸얼] 돌풍
DRY[드라이] 마른	RAIN[뤠인] 비	WIND[윈드] 바람

I WAS UP ALL NIGHT SEWING

▼ 정답 p.108

```
P E H J T F H K D B
G A P C A C C M A U
C F T B T O E C E T
H H R T L I A R R T
Z I A R E W T J H O
C S E L L R Y S T N
J V W Q K B N Q P P
O S C I S S O R S I
Z U H E L D E E N N
Z I P P E R H F J S
```

AWL[어얼] 송곳
BUTTON[벋은] 단추
CHALK[척] 분필
FABRIC[패브릭] 직물
NEEDLE[니덜] 바늘

OVERLOCK[오벌락] 휘갑치기
PATTERN[패런] 패턴
PIN[핀] 핀
SCISSORS[씨절스] 가위
STITCH[스팃취] 바늘땀

THREAD[뜨레드] 실
ZIPPER[지뻘] 지퍼

27

THE SONG OF BIRDS HERALDS THE APPROACH OF SPRING

```
R H S W A N S P Q O
E E V E A F A K G C
K V H F A R B N E U
C N T S R G I M V C
E O E O I M U K O K
P O T V A F C L D O
D Q W L A U G N L O
O B F L D R O N Q P
O P E A C O C K I Q
W Q H N O R E H P K
```

정답 p.109

CUCKOO [쿠쿠우] 뻐꾸기
DOVE [더브] 비둘기
DUCK [덕] 오리
FLAMINGO [플라밍고우] 플라밍고

HERON [헤어론] 왜가리
KINGFISHER [킹피셜] 물총새
OWL [아월] 부엉이
PARROT [패럿] 앵무새
PEACOCK [피칵] 공작

RAVEN [뤠이븐] 큰까마귀
SEAGULL [씨걸] 갈매기
SWAN [스우안] 백조
WOODPECKER [웃페컬] 딱따구리

28

I'M GOING TO SCHOOL

▶ 정답 p.109

```
F S U C D Y R U C R
S R D E H E K B L E
R C S N S A A O A H
I K H A E C L O S C
A Q R O K I K K S A
H E P P O V R N R E
C L A T E L J F O T
O C E T O N B B O C
K P E N C I L U M J
K R O W E M O H S Z
```

BACKPACK [백팩]   배낭
BOOK [북]   책
CHAIR [체얼]   의자
CHALK [척]   분필
CLASSROOM [클라스룸]   교실
DESK [데스크]   책상
ERASER [이뤠이썰]   지우개
HOMEWORK [홈워크]   숙제
FRIENDS [프렌즈]   친구들
LATE [레잇]   지각
NOTE [노웉]   노트
PENCIL [펜설]   연필
SCHOOL BUS [스꿀 버스]   스쿨버스
TEACHER [팃철]   선생님

29

HAPPY BIRTHDAY!

▶ 정답 p.109

```
G R I V C Y K E B N
I F G K T A P B O C
F I L R V R R I O A
T I A S E V T D K N
R P R S D A O M D D
G R E E T I N G S L
A N J I W S C A K E
T O V I I O E K E S
Y N J X W J R U I U
I H T R I B E K G R
```

BIRTH [버얼쓰] 출생
CAKE [케잌] 케이크
CANDLE [캔덜] 양초
CARD [카얼드] 카드
FIREWORK [파이어월크] 폭죽

GIFT [기프트] 선물
GREETINGS [그뤼딩스] 인사
GUEST [게스트] 손님
INVITATION [인버테이션] 초대
JOY [조이] 즐거움

PARTY [파알디] 파티
PRESENT [프레즌트] 선물

ONE HOUR TODAY IS WORTH TWO TOMORROW

정답 p.109

```
A A U R K E P J E M
R A D N E L A C R O
E C T I E D E W U N
T Y L S W E A H T T
U D R O A T I Y U H
N G W U C P S Q F F
I Y A H T K R U O H
M I L L E N N I U M
S E C O N D E T R Y
M N I Y E A R C F A
```

CALENDAR [캘런덜] 달력	FUTURE [퓨철] 미래	PAST [패스트] 과거
CENTURY [센츄어리] 100년	HOUR [아월] 시간	SECOND [세큰] 초
CLOCK [클락] 시계	MILLENNIUM [믈레니엄] 천년	WATCH [와앗취] 시계
DAY [데이] 날	MINUTE [미닛] 분	WEEK [위크] 주
ERA [이뤄어] 시대	MONTH [먼쓰] 월	YEAR [이얼] 연

DO YOU KNOW ANYTHING ABOUT ASTRONOMY?

```
H A Y X A L A G E U
R M S S P T K L A N
B O T T E R O R L I
O A E N E H O C U V
R R A T K R O B B E
L L B C E S O Z E R
P C A I M M U I N S
J L R O T N U S D E
B B S C O M E T A G
Y T E L E S C O P E
```

정답 p.110

ASTEROID [애스터로잇] 소행성
BLACK HOLE [블랙 호울] 블랙홀
COMET [카멋] 혜성
COSMOS [카즈머우스] 우주
GALAXY [갤럭씨] 은하계
METEOR [미디오얼] 유성
NEBULA [넵율럴] 성운
ORBIT [오울빗] 궤도
PLANET [플래닛] 행성
PROBE [프로웁] 탐사선
STAR [스딸] 별
SUN [선] 태양
TELESCOPE [텔러스콥] 망원경
UNIVERSE [유느벌스] 우주

FINE CLOTHES MAKE THE MAN

▶ 정답 p.110

```
T I U S Q B Y S N S
R A W P L Z G N A W
I T O A A N N A G E
K I Z C I J D E I A
S E B G T E A J D T
R S G E O S E M R E
R E P M U J I R A R
L E S U O L B A C S
R E V O L L U P W S
J A C K E T R I H S
```

BLAZER [블레이절] 콤비 상의
BLOUSE [블라우스] 블라우스
CARDIGAN [카디근] 카디건
JACKET [재킷] 재킷
JEANS [쥐인즈] 청바지
JUMPER [점뻘] 점퍼
LEGGINGS [레깅즈] 레깅스
PAJAMAS [퍼쟈머즈] 파자마
PULLOVER [풀오벌] 풀오버
SHIRT [셜트] 셔츠
SKIRT [스껄트] 치마
SUIT [숫트] 정장
SWEATER [스웨럴] 스웨터
TIE [타이] 넥타이
WAISTCOAT [웨이숫컷] 조끼

EVERY HONEST OCCUPATION DESERVES ESTEEM

```
R R M U S I C I A N
O B E G D U J N T F
T A Y T J F S A O I
I K N M N U T I L R
D E C P R E B R I E
E R O G V W P A P M
T C E T I H C R A A
V O E S R U N B A N
N R E V I R D I P C
Z F A R M E R L P M
```

▶ 정답 p.110

ARCHITECT [알키텍트] 건축가
BAKER [베이컬] 제빵사
CARPENTER [칼픈털] 목수
COP [캅] 경찰
DRIVER [즈라이벌] 운전수

EDITOR [에더털] 편집자
FIREMAN [파이얼믄] 소방관
FARMER [파알멀] 농부
JUDGE [져엇쥐] 판사
LIBRARIAN [라이브러리언] 사서

MUSICIAN [뮤지션] 음악인
NURSE [널스] 간호사
PILOT [파일럿] 파일럿
SURGEON [설젼] 외과의사
VET [벳] 수의사

LOOK INTO YOUR TOY BOX

▶ 정답 p.110

E	M	A	G	D	R	A	O	B	P
I	S	H	B	K	H	T	M	A	N
Y	S	K	I	A	O	G	P	E	G
T	B	T	C	B	L	E	N	L	Y
O	E	H	O	O	R	L	P	Z	P
Y	Q	R	F	P	L	G	E	Z	E
G	H	B	L	D	Q	B	B	U	B
U	H	A	Y	O	Y	O	Y	P	U
N	N	E	H	L	S	P	O	T	C
E	N	Q	V	L	E	G	O	H	S

BALL[버얼] 공
BLOCKS[블락스] 블락
BOARD GAME[보얼드 게임] 보드게임
CUBE[큐브] 큐브

DOLL[다알] 인형
KITE[카잇트] 연
LEGO[레고우] 레고
PAPER PLANE[페이펄 플레인] 종이비행기

PUZZLE[퍼절] 퍼즐
ROBOT[뤄벗트] 로봇
TOP[탑] 팽이
TOY GUN[토이 건] 장난감 총
YO-YO[요요우] 요요

35

 # DO YOU NEED NEW FURNITURE FOR YOUR ROOM?

```
D R E S S E R E M D
B I R C A Y B M I R
E T W F L O E C R A
L S O F R O H Z R O
B S A D L A S H O B
A I R C I E R E R P
T A W R K N H B T U
W O H C U O C S J C
B E D X S T O O L U
A P S T O V E B R C
```

▶ 정답 p.111

BED [베드]   침대
BOOKCASE [북케이스] 책장
CHAIR [체얼]   의자
CLOSET [클라짓]   벽장
COUCH [카우취]   소파

CRIB [크립]   유아용 침대
CUPBOARD [커벌드] 찬장
DRESSER [드레썰] 화장대
MIRROR [밀얼]   거울
SHELF [쉘프]   선반

SOFA [쏘우퍼]   소파
STOOL [스뚜울]   스툴
STOVE [스토우브] 난로
TABLE [테이벌]   식탁
WARDROBE [월즈로웁] 옷장

36

ANIMALS YOU CAN SEE AT THE ZOO

정답 p.111

H	F	K	E	B	Y	T	R	E	P	P
R	O	A	A	E	E	R	Z	L	E	
Y	X	W	K	N	A	A	X	T	N	
F	E	N	Z	C	G	P	R	R	G	
O	O	K	C	O	I	A	J	U	U	
D	M	O	R	G	O	X	R	T	I	
D	O	R	A	U	G	A	J	O	N	
N	L	P	A	S	T	K	A	Y	O	
H	E	D	G	E	H	O	G	R	I	
S	N	A	K	E	Q	Y	M	X	C	

BEAR [베얼] 곰
DONKEY [덩키] 당나귀
FOX [팍스] 여우
HEDGEHOG [헷지헉] 고슴도치
JAGUAR [재과얼] 재규어

KANGAROO [캥거루] 캥거루
MOLE [모울] 두더지
PENGUIN [펭그윈] 펭귄
PIG [피그] 돼지
RACCOON [뤠쿠운] 너구리

SNAKE [스네잌] 뱀
TURKEY [터얼끼] 칠면조
TURTLE [털덜] 거북이
YAK [애크] 야크
ZOO [주우] 동물원

37

 # GOOD CLOTHES OPEN ALL DOORS

```
T L B G R T T Y P P
C N T U A E R V R E
O O E E C D B O Q M
L Y N M N K T I S U
L A S U A E L I F T
A R A I C N L E S S
R L E T L K R U X O
F M I N E D I O N C
E O T E X T U R E L
N S U O I R U X U L
```

▶ 정답 p.111

BUCKLE [버끌] 버클
COLLAR [칼럴] 칼라
COSTUME [카스티움] 의상
DENIM [데늠] 데님
FIBER [파이벌] 섬유

LAUNDRY [런드뤼] 세탁
LUXURIOUS [럭쥬어리어스] 호화로운
NEAT [니잇트] 단정한
ORNAMENT [오너믄트] 장식품

PROTECTION [프러텍션] 보호
RAYON [뤠이안] 레이온
SILK [슬크] 비단
SUIT [숫트] 정장
TEXTURE [텍스철] 질감

FINE FEATHERS MAKE FINE BIRDS

▶ 정답 p.111

```
D M E B E F W P Q F
N J T F O S R E R I
Y S S E M E R A A T
N X Z D S C Z A N R
W A T E R P R O O F
O V R B A E W E T C
D V T K H D S E U B
E R O U G H O S P H
F F O E K A T R U Q
S M O O T H I C N P
```

ADORN [어도언] 장식하다
COARSE [코얼스] 거친, 굵은
DOWNY [다우니] 보송보송한
DRESS UP [드레썹] 차려 입다
FIT [핏] 잘 맞다

MESSY [메씨] 지저분한
PRESERVE [프리절브] 보호하다
PUT ON [풋 언] 입다, 걸치다
ROUGH [뤄프] 거친
SMOOTH [스무웃] 부드러운

SOFT [서프트] 부드러운
TAKE OFF [테이크 어프] 벗다
WATERPROOF [워럴프룹] 방수되는
WEAR [웨얼] 입다, 쓰다, 신다

WHICH FOOD DO YOU LIKE?

정답 p.112

```
I T T E H G A P S O
E C E R E A L D T T
N L S P I C E L F A
Z G B T S G G L R T
E N A A E W K A D O
S P L R T A G B A P
U T I L L E K T L U
S K R C N I G A A R
H O U I E H C E S Y
I P V M Y R K M V S
```

CEREAL [쓰어리얼] 시리얼
GARLIC [갈릭] 마늘
MEATBALL [밋버얼] 고기완자
POTATO [퍼테이토] 감자
RECIPE [레써피] 조리법

SALAD [샐럿] 샐러드
SALT [설트] 소금
SPAGHETTI [스빠게리] 스파게티
SPICE [스빠이스] 양념, 향신료

STEAK [스떼잌] 스테이크
SUSHI [쑤쉬] 초밥
SYRUP [시럽] 시럽
VEGETABLE [베쥐터벌] 채소
VINEGAR [비너거] 식초

40

WHAT DID YOU EAT LAST NIGHT?

정답 p.112

```
D H G K E A P F A N
M S P C N C U V Z D
B U I R O O H I Z K
H L I O O N C T I R
S A K C A T T A P O
I E M E L N E M B P
D C B I Y A K I E Q
N O T T U M C N N J
N O I T I R T U N T
A K I R P A P F A T
```

BACON [베이큰] 베이컨
BEAN [비인] 콩
CALCIUM [캘씨엄] 칼슘
COOKED [쿡트] 요리된
FAT [팻] 지방

HAM [해엠] 햄
KETCHUP [켓첩] 케첩
MUTTON [멋튼] 양고기
NUTRITION [뉴트리션] 영양
PAPRIKA [패쁘리꺼] 파프리카

PIZZA [핏처] 피자
PORK [포올크] 돼지고기
PROTEIN [프로우틴] 단백질
SLICE [슬라이스] 조각
VITAMIN [바이러믄] 비타민

EAT AS MUCH AS YOU WANT

```
O D E E B V T R H D
O P E I M A T X S I
D E T V E U Z A I G
X E U R O P S R R E
B W E H C U I N U S
M V L F N T R I O T
O F E B S U C K N C
O C E Y J S K I Q Z
W H P A K N I R D R
S W A L L O W P L H
```

BITE [바이트] 베어 물다
CHEW [츄우] 씹다
CONSUME [컨씨움] 먹다, 마시다
DEVOUR [디바월] 집어삼키다
DIGEST [다이제스트] 소화하다

DRINK [즈링크] 마시다
FEED [피드] 먹이다
NOURISH [너리쉬] 영양분을 공급하다
OVEREAT [오버릿] 과식하다

PEEL [피을] 껍질을 벗기다
SIP [씹] 홀짝이다
STIR [스떨] 젓다, 쉽다
SUCK [썩] 빨아 먹다
SWALLOW [스월로우] 삼키다

 # I WONDER WHAT IT TASTES LIKE

정답 p.112

```
D V Y M M U Y P R S
E H T N I A F A U Q
E S O U R S W O I G
R B H B R O I L E D
O R I P H C K S N T
T F X T I S A K E Y
T V L L T V E E Y T
E B E A O E W R Z L
N D H R T S R K F A
I J Y T A S T Y W S
```

BITTER [비털] 쓴
BROILED [브로일드] 구운
DELICIOUS [딜리셔스] 맛있는
FAINT [페인트] 아무 맛없는
FLAT [플랫] 맛밋한

FRESH [프레쉬] 신선한
HOT [핫] 매운
RAW [뤄] 설익은
ROTTEN [롤은] 썩은
SALTY [썰티] 짠

SAVORY [세이버리] 향긋한
SOUR [싸월] 신
SWEET [스윗] 달콤한
TASTY [테이스티] 맛있는
YUMMY [여미] 아주 맛있는

TELL ME ABOUT YOUR DREAM HOUSE

```
T O W N H O U S E X
N N U R S E R Y L S
E O E U C C I T T A
C H I M N E Y A N V
N C H S T T I Z E Y
E R S A N R L G M J
F O G V S A A E E Q
H P F W W R M P S Y
F X I N A O D R A Y
B R M G D G S Z B Z
```

APARTMENT [어팔먼트] 아파트
ATTIC [애딕] 다락
BASEMENT [베이스먼트] 지하
CHIMNEY [침니] 굴뚝
DOME [도움] 돔형 지붕
FENCE [펜스] 울타리
GARAGE [거라쉬] 차고
GATE [게이트] 정문
LAWN [러언] 잔디밭
MANSION [맨션] 대저택
NURSERY [너얼써뤼] 아이방
PORCH [포올치] 현관
STAIRS [스테얼스] 계단
TOWNHOUSE [타운하우스] 연립주택
YARD [야알드] 마당

PLEASE HELP ME CLEAN THE HOUSE

▼ 정답 p.113

V	T	X	B	B	R	H	T	N	H
A	I	I	R	U	S	W	S	E	O
F	F	U	B	I	R	T	U	T	V
J	S	E	L	A	H	C	D	H	A
H	B	O	R	H	E	S	G	C
J	P	U	J	H	E	N	C	I	U
R	E	P	A	I	R	S	I	T	U
Q	L	L	E	W	D	W	I	X	M
R	U	B	C	J	V	X	M	D	E
T	C	U	R	T	S	N	O	C	E

BRUSH [브뤄쉬] 솔질하다
CONSTRUCT [컨스트럭] 건설하다
DUST [더스트] 먼지를 털다
DWELL [드웰] 거주하다
FIX [픽스] 고치다
INHABIT [인해빗] 거주하다
POLISH [팔러쉬] 광내다
REPAIR [리페얼] 수리하다
RESIDE [리자이드] 거주하다
RUB [럽] 닦다
SCRUB [스끄럽] 문지르다
TIGHTEN [타이튼] 조이다
VACUUM [배큐엄] 진공청소기로 청소하다

45

HOW DO YOU START A CONVERSATION?

▼ 정답 p.113

```
T P W N A E C P F H
P N L T R O Q E P A
Z C E E N A Y T Z A
X W O S D H W I T D
L G E N S G S T P M
Y N E D T I E I E I
T J K S A R D O C T
O B J E C T A N C G
L E S N U O C C A E
I L A E P P A C T B
```

ACCEPT [액쎕트] 받아들이다
ADMIT [앧밋] 인정하다
APPEAL [어피얼] 호소하다
ASK [애스크] 묻다
BEG [베그] 간청하다

CONSENT [컨센트] 동의하다
CONTRACT [칸트랙트] 계약하다
COUNSEL [카운설] 상담하다
DENY [드나이] 부인하다

DISSENT [드센트] 반대하다
OBJECT [압쥑트] 반대하다
PETITION [프티션] 탄원하다
PLEDGE [플레쥐] 서약하다
WARN [워언] 경고하다

46

THE BEST OF LIFE IS CONVERSATION

▶ 정답 p.113

```
T E Y W E I V B Q N
N X L R C F H J O E
E P P A O K R I S G
M R R O I S T W A A
M E O P I N I O N G
O S M J E F E V O N
C S I M T X W D D E
I I S R E M A R K A
J O E D E L Z Z U P
T N E D U R P M I R
```

ADVISORY [앨바이저뤼]   자문
COMMENT [카멘트]   논평
DENIAL [드나이얼]   부인
ENGAGE [인게이쥐]   약속하다
EXPRESSION [익스프레션]   표현

IMPRUDENT [임프루든트]   경솔한
MENTION [멘션]   언급하다
OPINION [어피니언]   의견
PROMISE [프라머스]   약속하다

PUZZLED [퍼절드]   어리둥절해하는
REMARK [리마크]   언급하다
SWIFT [스위프트]   즉석의
VIEW [뷰]   견해

I'M FINDING A PERSON TO CHAT WITH

```
R E P S I H W I E Q
M U R M U R A L B Y
F D O O E G O T I A
U L P F T Q G R R D
V O U F U K S E C Z
K C D E B A T E S O
C S N R N T B R E T
H T E T A T S G D S
A E V H W S P A L I
T O C S S U C S I D
```

▶ 정답 p.114

AGREE [억뤼이] 동의하다
CHATTER [채털] 재잘거리다
DEBATE [디베이트] 토론하다
DESCRIBE [디스끄라입] 묘사하다
DISCUSS [디스커스] 논의하다
ELOQUENT [엘러퀀트] 웅변을 잘 하는
FLUENT [플루언트] 유창한
MURMUR [머멀] 속삭이다
OFFER [어퍼얼] 제안하다
SCOLD [스꼬올] 야단치다
STATE [스테이트] 진술하다
SUGGEST [스쒜스트] 제안하다
WHISPER [위스뻘] 속삭이다

48

 # I'D LIKE TO TELL YOU HOW I FEEL

▼ 정답 p.114

```
R A G E H M G P S N
F E I R G N F E H O
P A S S I O N Z O I
F W T L H T H B R T
H R E H I T L K R O
M E I M G I A Y O M
F Z E G S I R R R E
I N H S H U L F W Y
T T E R F T T E H W
E D U T I L O S D P
```

BLISS[블리스]　　더없는 행복
DELIGHT[들라잇]　　기쁨
EMOTION[이모션]　　감정
FEELING[필링]　　느낌
FRET[프렛]　　초조

FRIGHT[프라잇]　　두려움
FURY[퓨어리]　　분노
GRIEF[그리프]　　비탄
HORROR[호러]　　공포
PASSION[패션]　　격정

RAGE[뤠이쥐]　　격노
SENTIMENT[센터먼트]　　정서, 감상
SOLITUDE[살러튜드]　　고독
WRATH[래쓰]　　분노

49

TRY TO EXPRESS YOUR EMOTION

```
Y D R E A R Y S L M
V L M G P L U L A V
E W O E L O Q L M P
M S E H I O O U E R
O W A D C N O D N O
S C E D E N E M T U
E T P L S H A U Y G
R C Y T X Q R L L E
I C I N A P B A E B
T A W E G P W Q N M
```

▼ 정답 p.114

AWE [어] 경외감
BLUE [블루우] 우울한
DREARY [드리어리] 음울한, 따분한
DULL [덜] 따분한, 재미없는
GLOOMY [글루미] 우울한

LAMENT [러멘트] 애통하다
LONELY [로운리] 쓸쓸한
MELANCHOLY [멜런칼리] 우울감
PANIC [패닉] 공황

SAD [새드] 슬픈
TEDIOUS [티디어스] 지루한, 싫증나는
TIRESOME [타이얼썸] 짜증스러운
WEEP [윕] 울다

50

 WHAT YOU SEE IS NOT AN ILLUSION

▼ 정답 p.114

```
S H R K F I B K I R
T S E R E T T I L G
A A E C V M W J L I
R L P N A A G U U T
E F O E T L E I M B
P P L C I I O F I L
P G H M D Y W I N A
V E P S I G H T A Z
P S E E K O O L T E
E J M P S C A N E L
```

BLAZE [블레이즈] 눈부시게 빛나다
FLASH [플래쉬] 번쩍이다
GLEAM [글리임] 어슴푸레 빛나다
GLIMPSE [글림스] 언뜻 보다
GLITTER [글리털] 반짝반짝 빛나다

ILLUMINATE [일루머네잇] 비추다
LOOK [룩] 보다
PEEP [피잎] 엿보다
PEER [피얼] 응시하다

SCAN [스캔] 훑어보다
SIGHT [싸잇] 갑자기 보다
STARE [스테얼] 응시하다
WATCH [와앗취] 지켜보다
WITNESS [윗니스] 목격하다

DO NOT ALWAYS BELIEVE WHAT YOU HEAR

```
E M U L O V R U I I
K R A B A S A K H O
W N O O P A T C E M
L O A L F E T I A C
V I A L K K L L R W
C S S C C G E C A E
H L A T N O I S E O
Q R A A E D H U R U
C X B P D N I D U F
Q H R E T T I W T E
```

▶ 정답 p.115

BANG [뱅] 쿵 소리가 나다	CRACK [크랙] 깨지는 소리	RATTLE [래틀] 달그락 소리
BARK [발크] 개 짖는 소리	DIN [딘] 크고 불쾌한 소리	SPLASH [스쁠래쉬] 첨벙 소리
CLANK [클랭크] 철커덕 소리	HEAR [히얼] 들리다	TWITTER [트위럴] 짹짹거리다
CLAP [클랩] 박수 소리	LISTEN [릿슨] 귀 기울이다	VOLUME [발륨] 볼륨, 음량
CLICK [클릭] 찰칵 소리	NOISE [노이즈] 소음	WASH [와쉬] 파도 소리

WE ARE LIVING IN AN AGE OF MASS MEDIA

정답 p.115

```
N A X D Y R L M A P
O R X R I N L A T T
I E F A M E O G S I
T P N M R W P A C D
P O N A X S C Z G E
A P H E A D L I N E
C A D U A V O N M T
D O H O S T J E P Z
U S R E L C I T R A
A B S I T C O M Y K
```

ARTICLE[알디클]	기사	EDIT[에딧]	편집하다	ON-AIR[언-에얼]	방송중인
BROADCAST[브럳캐스트]	방송하다	HEADLINE[헬라인]	표제	POLL[푸울]	여론조사
CAPTION[캡션]	설명 글자	HOST[호우스트]	사회자	SITCOM[싯캄]	단막 코미디
CCTV[씨씨티비]	폐쇄회로 TV	MAGAZINE[매거진]	잡지	SOAP OPERA[쏘웁 아쁘러]	일일연속극
DRAMA[즈라머]	드라마	NEWS[뉴우즈]	뉴스		

53

EVERY COUNTRY HAS ITS OWN CURRENCY

```
R P T Q E A R I L C
K A B P L R X Z N O
S R L R B W U A U S
I X A L U F R P X E
B S Z M O F Q Y E P
A W O N R D G K E E
H Y A U F P O U N D
T U E I C V R O O Z
Y S A N Q O J N R H
T I G G N I R E K R
```

정답 p.115

BAHT [밧트] 태국 바트	LIRA [리어러] 이탈리아 리라	ROUBLE [뤄벌] 러시아 루블
DOLLAR [달럴] 미국/캐나다 달러	MARK [말크] 독일 마르크	RUPEE [루피이] 인도 루피
EURO [유로우] 유럽 유로	PESO [페이쏘우] 멕시코 페소	WON [와안] 한국 원
FRANC [프램크] 프랑스 프랑	POUND [파운드] 영국 파운드	YEN [이엔] 일본 엔
KRONE [크로우너] 덴마크 크로네	RINGGIT [링것] 말레이시아 링깃	YUAN [유안] 중국 위안

 LET'S TALK ABOUT ECONOMIC ISSUES

▶ 정답 p.115

```
C K Y R D A Y R T L
A A I T S R E Q S R
D S P S I V O R E E
E U E I E U E P V T
F T Q N T T Q N N U
I E U T R A D E I R
C E L O A N L I R N
I J P T E G D U B N
T M T U R N O V E R
I B R P R O F I T E
```

ASSET [애쏫] 자산
BUDGET [버짓] 예산
CAPITAL [캐뻐를] 자본의
DEFICIT [데퍼싯] 적자
DROP [드랍] 하락

EQUITY [에퀴티] 자기 자본
IMPORTER [임포럴] 수입업자
INVEST [인베스트] 투자
LOAN [로운] 대출
PROFIT [프라핏] 수익

RETURN [뤼턴] 배당
REVENUE [레버뉴우] 수익
RISE [라이즈] 상승
TRADE [츄레이드] 거래
TURNOVER [턴오벌] 거래 총액

55

HOW WOULD YOU DESCRIBE HIS CHARACTER?

```
F L A N E R E C N I S
R U N E T E T W S U G
A F X R S V A R O C E
N I I V E I R V H O N
K C O O N T E G S N E
B R U U O I D N I F R
N E S S H S I I F I O
E M N C L N S N L D U
O D S E K E N N E E S
T I U I V S O U S N K
M R N R A O C C G T K
C D R E T I L O P M I
S Y M P A T H E T I C
A D A R R O G A N T G
T S E N O H S I D T P
```

ANXIOUS [앵셔스]   불안해 보이는
ARROGANT [애러건트]   거만한
BENEVOLENT [버네벌런트]   자애로운
CONFIDENT [칸퍼던트]   자신감 있는
CONSIDERATE [컨시더럿]   사려 깊은
CRUEL [크루얼]   잔인한
CUNNING [커닝]   교활한
DISHONEST [디써니스트]   정직하지 못한
FRANK [프랭크]   진실한
GENEROUS [제너러스]   인정 있는
HONEST [아니스트]   정직한
IMPOLITE [임펄라이트]   버릇없는
KIND [카인드]   친절한
MERCIFUL [멀쓰펄]   자비로운
MISCHIEVOUS [미스처버스]   짓궂은
NERVOUS [너얼버스]   초조해 하는
RUDE [루웃]   무례한
SELFISH [쎌프쉬]   이기적인
SENSITIVE [쎈서티브]   세심한
SINCERE [신씨얼]   진실된
SYMPATHETIC [심퍼떼릭]   동정적인

미니 스도쿠 푸는 방법

큰 사각형(4X4)의 각 행과 열에 제시된 철자가 중복되지 않게 나타나야 하고, 작은 사각형(2X2)에서도 모든 철자가 나타나도록 채우는 게임이다. 예를 들어, 아래의 4열에 이미 'W', 'D'가 있으므로, ①에는 'I' 또는 'L'이 올 수 있다. 하지만 같은 행에 이미 'I'가 있으므로, ①에는 'L'이 와야 한다. 자연스럽게 ②에는 'I'가 온다. ②가 포함된 작은 사각형에 남은 ③은 'W'로 채워진다. 이런 식으로 계속해나가면 된다.

미니 스도쿠 _ WILD ; 거친

			W
W	I		①
		L	D
L		③	②

▶ 정답 p.122

WHAT KIND OF PERSONALITY DO YOU HAVE?

```
A A A N T H K L F M S
P K V G R O O H Y A D
Q R C V E S P W T L P
B M O N V T T Z O E C
Y V N G O I I B S V H
H Z S M R L M S U O I
S T E O T E I Z O L L
I C R D N M S G I E D
D A V E I M T S T N L
L N A S V D I M I T I
I D T T Y O C S B V K
H I I M Q T R T M T E
C D V E B R U T A L G
U J E A L O U S X B T
S L T N E G I L G E N
```

정답 p.116

AMBITIOUS[앰비셔스] 야심있는
BOLD[보울드] 용감한
BRUTAL[브루들] 잔혹한, 악랄한
CANDID[캔디드] 솔직한
CHILDISH[촤일드쉬] 유치한
CHILDLIKE[촤일들라잌] 순진한
CONSERVATIVE[컨썰버티브] 보수적인
COY[코이] 수줍어하는
EXTROVERT[엑스트러벌트] 외향적인
HOSTILE[하스따일] 적대적인
INTROVERT[인트러벌트] 내성적인
JEALOUS[젤러스] 시기하는
MALEVOLENT[멀러블런트] 악의적인
MEAN[미인] 비열한
MODEST[마디스트] 겸손한
NEGLIGENT[네글리전트] 태만한
OPTIMISTIC[압터머스틱] 낙관적인
PESSIMISTIC[페서머스틱] 비관적인
PROGRESSIVE[프러레시브] 진보적인
SHY[샤이] 부끄러워하는
TIMID[티밋] 소심한

미니 스도쿠 _ LOUD ; 시끄러운

L			
	O		
		U	
		D	

▶ 정답 p.122

59

# ARE YOU PLANNING AN OVERSEAS TRIP?

```
R K S A M N E G Y X O
T E S D A E H E B F J
L E A P I L L O W L H
G I U D U T Y F R E E
I N F L I G H T T Y E
J P I E O N A A R G P
O T T D V B G O E F P
U R E A R E T L P I A
R A K Z S A S E A T S
N N N W V I O T P M S
E S A A A R V B S L P
Y I L N S P H X W D O
U T B E T O T B E J R
A P Y W E R C Q N P T
B J C A P T A I N C C
```

AIRPORT[에얼포올트] 공항
AISLE[아이을] 통로
BLANKET[블랭킷] 담요
BOARDING[보얼딩] 탑승
CAPTAIN[캡튼] 기장
CREW[크루우] 승무원
DUTY FREE[듀디프리] 면세품
GATE[게이트] 정문
HEADSET[헷셋] 헤드폰
IN FLIGHT[인플라잍] 기내의
JOURNEY[저얼니] 여행
LAVATORY[래버토리] 화장실
LIFE VEST[라잎 베스트] 구명조끼
NEWSPAPER[뉴즈페이뻘] 신문
OXYGEN MASK[악시즌 매스크] 산소 마스크
PASSPORT[패스폴트] 여권
PILLOW[필로우] 베개
READING LAMP[리딩 램프] 독서등
SEAT[씨잍] 좌석
TRANSIT[트랜짙] 환승
VISA[비저] 비자

미니 스도쿠 _ **GATE ; 문**

			T
G			
		A	
			E

▶ 정답 p.122

61

THEY'RE ALL SOLD OUT!

```
A B E G R E C E I P T
T U C N T N K P A R W
N S I I O I B C A B P
E I R P R H S C E O B
M N P P E A M O L H E
Y E D O X B Z I P S C
A S E H C Z C A U E S
P S X S H Y A R B O D
C H I W A D S E L N Y
O O F O N D H D L S T
U U A D G T O R A A I
P R K N E U D O M L R
O S A I T D N U F E R
N J K W R E V I L E D
S D R A C T I D E R C
```

BAZAR[브자알] 재래시장
BUSINESS HOURS[비즈니스 아월스] 영업 시간
CART[카알트] 카트
CASH[캐쉬] 현금
CHECK[체크] 수표
COUPON[큐빤] 쿠폰
CREDIT CARD[크레딧 칼드] 신용카드
DELIVER[들리벌] 배달
DEPOSIT[디파짓] 보증금
EXCHANGE[익스췌인쥐] 교환
FIXED PRICE[픽스트 프롸이스] 정찰가
MALL[머얼] 쇼핑몰
ORDER[올덜] 주문
PAYMENT[페이믄트] 지불
POLICY[팔러씨] 정책
RECEIPT[뤼씨잍] 영수증
REFUND[뤼펀드] 환불
SALE[쎄이얼] 판매
SOLD OUT[쏘울다웃] 품절된
WINDOW SHOPPING[윈도우 샤핑] 아이쇼핑
WRAP[랩] 포장

미니 스도쿠 _ CARD ; 카드

		R	
C			
	A		
			D

▶ 정답 p.122

63

 **DO YOU WANT TO GO OUT AND GRAB A BITE?**

```
L Y C O U N T E R N N H
E A I L B S K E E O E
F R N W I M F K T N L
T T N H L I Q D A S V
O N A Q L R O P W M X
V O M L Y G K Y D O C
E I O C A I R U E K H
R T N W D D N L I O
S A T A K E O U T N P
F V Z R G O O S T G S
S R Q T P O F K O T T
D E S S E R T V B A I
U S U G A R S T Y B C
R E E B T F A R D L K
F R E N C H F R I E S
```

BILL[비을] — 계산서
BOTTLED WATER[바를드 워럴] — 생수
CHOPSTICKS[찹스틱스] — 젓가락
CINNAMON[씨너먼] — 계피
COUNTER[카운털] — 계산대
DESSERT[디절트] — 디저트
DRAFT BEER[드래프트 비얼] — 생맥주
FAST FOOD[패스트푸드] — 패스트푸드
FRENCH FRIES[프렌취 프롸이즈] — 감자튀김
HOTDOG[핫더억] — 핫도그
LEFTOVER[레프트오벌] — 남은 음식
NAPKIN[냅킨] — 냅킨
NONSMOKING TABLE[난스모킹 테이벌] — 금연석
REFILL[리피을] — 리필
RESERVATION[레절베이션] — 예약
SODA[소우더] — 탄산음료
SPOON[스뿌운] — 숟가락
STRAW[스트뤄] — 빨대
SUGAR[슈걸] — 설탕
TAKE-OUT[테이까웃] — 포장
TRAY[츄레이] — 쟁반

미니 스도쿠 _ FORK ; 포크

		F	
			O
			R
		K	

▶ 정답 p.122

 **HOW DO YOU GO TO WORK?**

F	A	A	B	J	P	G	R	R	C	V
I	C	F	I	E	I	O	E	V	A	F
V	R	H	C	L	R	N	G	N	F	X
J	O	L	Y	B	T	E	N	Q	A	P
J	S	L	C	A	D	W	E	L	R	L
Y	S	O	L	T	N	A	S	E	E	M
V	W	C	E	E	U	Y	S	R	R	L
B	A	A	G	M	O	D	A	O	R	G
R	L	T	A	I	R	U	P	W	Q	N
I	K	I	E	T	Q	N	O	X	T	P
D	T	O	L	S	T	A	T	I	O	N
G	E	N	I	A	R	T	S	W	O	T
E	I	N	M	B	F	T	S	T	F	E
M	D	G	Y	A	W	B	U	S	N	C
N	W	C	Z	D	C	A	B	J	O	Z

BICYCLE[바이시껄]		자전거
BRIDGE[브리쥐]		다리
BUS STOP[버스땁]		버스정류장
CAB[캐앱]		택시
CROSSWALK[크뤄스웤]		횡단보도
FARE[페얼]		요금
LANE[레인]		차선
LOCATION[로케이션]		위치
MILEAGE[마일러쥐]		주행거리
ON FOOT[온풋]		도보
ONE-WAY[원-웨이]		일방통행의
PASSENGER[패쓴절]		승객
RENTAL CAR[렌틀칼]		렌터카
ROAD[뤄우드]		길
ROUND TRIP[롸운츄립]		왕복
SQUARE[스페얼]		광장
STATION[스떼이션]		역
SUBWAY[썹웨이]		지하철
TIMETABLE[타임테이벌]		시간표
TRAIN[츄레인]		열차
VAN[밴]		승합차

미니 스도쿠 _ TRAM ; 전차

T		
	R	A
A	M	

▶ 정답 p.122

67

WHAT IS YOUR FAVORITE ANIMAL?

```
L E O P A R D H Q P P
G O F C E C T S T O E
D P C L O N A I J L E
R R G T O C B F L A H
M A A L O W K R E R S
E O E Z E P Y A M L G
Z V U B I R U T A A R
G O O S E L R S C E C
L U M S E J L I T S T
N O I P R O C S U A R
D K R A H S M E D Q H
E T A R F A L P A M S
E T N R H A O B U L L
R E O O H L T A O G O
H G A W E Y E K N O D
```

BAT[뱃] 박쥐
BEAR[베얼] 곰
BULL[브울] 황소
CAMEL[캐멀] 낙타
COCK[칵] 수탉
DEER[디얼] 사슴
DONKEY[덩키] 당나귀
EAGLE[이걸] 독수리
FROG[프확] 개구리
GOAT[고욷] 염소
GOOSE[구스] 거위
HAMSTER[햄스털] 햄스터
HEN[헨] 암탉
LEOPARD[러뻐드] 표범
LIZARD[리절드] 도마뱀
MOUSE[마우스] 쥐
OCTOPUS[악터퍼스] 문어
SCORPION[스꼴피은] 전갈
SEAL[씨을] 바다표범
SHARK[샤알크] 상어
SHEEP[쉬잎] 양
SPARROW[스빼러우] 참새
SQUIRREL[스꿔를] 다람쥐
STARFISH[스딸삐쉬] 불가사리
TADPOLE[탵포울] 올챙이
WHALE[웨이을] 고래
WOLF[울프] 늑대

미니 스도쿠 _ DUCK ; 오리

D			
		U	
			C
K			

▶ 정답 p.122

69

LET ME TELL YOU ABOUT MY HOBBIES

M	G	C	O	O	K	I	N	G	C	Q
R	E	A	D	I	N	G	A	G	O	Y
F	G	S	E	W	I	N	G	Q	Z	E
S	I	N	N	E	T	E	L	B	A	T
E	T	S	I	B	H	G	P	J	S	C
S	M	E	H	K	N	A	S	U	G	Y
G	K	A	N	I	I	W	D	M	N	C
O	U	A	G	N	N	H	R	P	I	L
L	Y	G	T	E	I	G	A	R	L	I
F	O	I	V	I	N	S	I	O	W	N
J	N	O	S	I	N	I	L	P	O	G
G	B	O	X	I	N	G	L	E	B	O
K	G	A	R	D	E	N	I	N	G	E
Y	R	E	T	T	O	P	B	C	O	C
G	N	I	M	M	I	W	S	O	W	Y

정답 p.117

BILLIARDS[빌리얼즈] 당구
BOWLING[보울링] 볼링
BOXING[박싱] 복싱
COOKING[쿠킹] 요리
CYCLING[싸이클링] 자전거
FISHING[피쉼] 낚시
GARDENING[가알드닝] 정원 가꾸기
GOLF[갈프] 골프
HIKING[하이킹] 등산
JOGGING[자깅] 조깅
JUMP ROPE[쩜 롭] 줄넘기
ONLINE GAME[언라인 게임] 온라인 게임
PAINTING[페인팅] 그림 그리기
POTTERY[파더뤼] 도자기 만들기
READING[뤼딩] 독서
SEWING[쏘우잉] 바느질
SKATING[스께이링] 스케이팅
SWIMMING[스위밍] 수영
TABLE TENNIS[테이벌 테니스] 탁구
TENNIS[테니스] 테니스
YOGA[요우거] 요가

미니 스도쿠 _ RACE ; 경주

	R		
A		E	
			C

▶ 정답 p.122

71

DO YOU LIKE IT OR NOT?

```
C P Z B X E A E E B A
H R W E Y B C Z E D Z
E E E F H I A K D F A
R F S O T R E I G G E
I E R N C E C T N L T
S R E D N T M I A I A
H E R O D A L P E H N
G R N F Z L D S T F I
E Z I C I T A N A F M
T X F W E S R E V A O
O S N A T T R A C T B
V U E L O A T H E E A
E G U T A S T E R Q M
D N R A E Y G B P M E
V W J S B D D Y W T K
```

ABHOR[어보얼]		혐오하다
ABOMINATE[어바머네잍]		증오하다
ADDICT[애딕트]		중독되다
ADORE[어도얼]		아주 좋아하다
ATTRACT[어트랙트]		마음을 끌다
AVERSE[업얼스]		싫어하다
BE FOND OF[비판더브]		좋아하다
BE KEEN ON[비킨언]		좋아하다
CHERISH[체리쉬]		소중히 여기다
CRAZE[크뤠이즈]		미치게 하다
DETEST[디테슽]		싫어하다
DEVOTE[디보웉]		헌신하다
ENTICE[인타이스]		유혹하다
FANATICIZE[퍼내러사이즈]		열광하게 하다
HATE[헤이트]		증오하다
LOATHE[로욷]		증오하다
PREFER[프리퍼얼]		더 좋아하다
TASTE[테이스트]		기호, 취미
TEMPT[템트]		유혹하다
UNWILLING[언윌링]		마음이 내키지 않는
YEARN[여언]		간절히 원하다

미니 스도쿠 _ LOVE ; 사랑

			E
	O		
L		V	

▶ 정답 p.122

WE ARE WINNING THE WAR AGAINST CRIME

```
E X H A U S T T O T C
Y D M S N Y Y N S S R
F B I O A N F E T U I
D E I C O R D M R R M
M S I L I I T Y A T E
E U E H C U R O C S P
P F G I T O S L I I O
H A M G B C R P Z D V
O O X B I U H M E S E
H T E U J N T E L K R
A R S O N K G N A Z T
Y Z E R U T P U R T Y
P I C K P O C K E T P
N O I T U L L O P Y I
S L U M A V P M U L S
```

ARSON[알쏜] 방화
CHEAT[취잍] 속이다
CRIME[크롸임] 범죄
DISTRUST[디스트뤼스트] 불신하다
EXHAUST[익저스트] 매연
FELONY[펠러니] 흉악 범죄
HOMICIDE[하머사읻] 살인
MUGGING[머깅] 강도
NOISE[노이즈] 소음
OSTRACIZE[아스트러싸이즈] 배척하다
PICKPOCKET[픽파낃] 소매치기
POLLUTION[펄루션] 오염
POVERTY[파벌디] 빈곤
ROBBERY[롸버뤼] 강도
RUPTURE[뢉쳐] 불화를 일으키다
SLUM[슬럼] 빈민가
SLUMP[슬럼프] 침체
SUICIDE[쑤어싸읻] 자살
THIEF[띠프] 도둑
TRASH[츄래쉬] 쓰레기
UNEMPLOYMENT[어넘플러이먼트] 실업

미니 스도쿠 _ SMOG ; 스모그

			G
	M	O	
S			

▶ 정답 p.122

THE PUBLIC IS THE BEST JUDGE

```
E S A C W A L N N N W
S S E N T I W O Y A R
R O T U C E S O R P Y
T Y G T N I L R T E V
D N I U R P A K N O E
X U A P I N Z R K J R
S D P D T L O W B F D
T A K K N T T W Q F I
S S E N T E N C E I C
R U E A R M F M J T T
E T S R T T G E U N Y
Y J S P R L C U D I R
W K W I E A I H G A U
A M A O X C T A E L J
L L C O U R T O J P E
```

ARREST[어뤠스트]	체포하다
ATTORNEY[어털니]	변호사
CASE[케이스]	소송
COURT[코얼트]	법원
DEFENDANT[드펜던트]	피고
GUILT[기얼트]	유죄
JAIL[줴이얼]	감옥
JUDGE[저엇쥐]	판사
JURY[쥬어뤼]	배심원
LAW[러]	법
LAWYER[로이얼]	변호사
PLAINTIFF[플레인티프]	원고
PRISON[프뤼즌]	감옥
PROSECUTOR[프라씨큐럴]	검사
SENTENCE[센튼스]	판결을 내리다
SUIT[숫트]	소송
SUSPECT[서스빽트]	용의자
TRIAL[트롸이얼]	재판
VERDICT[벌딕트]	평결
WARRANT[워런트]	영장
WITNESS[윗니스]	증인

미니 스도쿠 _ RULE ; 규칙

		L	
U			
			R
	E		

▶ 정답 p.122

 WHAT RELIGION DO YOU BELIEVE IN?

```
T E M P L E Z V L A G
M S I A D U J A B Y O
L E G N A M R B O T D
G O Y N M D E P M I H
Y E T M E Y R R F N I
M Y T H O L O G Y A N
G B T A O N R G P I D
M A U E M E K A O T U
C I M D Y G R T H S I
S H R A D A O N S I S
E Q R G D H U D I R M
R P U I L N I C B H A
M T S P R I E S T C L
O E V M K W P O M G S
N S A I N T L X I S I
```

ABBEY[애비] — 수도원
ANGEL[에인절] — 천사
BISHOP[비셥] — 주교
BUDDHISM[부디점] — 불교
CATHEDRAL[커띠드럴] — 대성당
CHRISTIANITY[크리스티애너디] — 기독교
DOGMA[도그머] — 교리
GOD[가앗] — 신
HINDUISM[힌두이점] — 힌두교
ISLAM[이슬러암] — 이슬람교
JUDAISM[쥬데이점] — 유대교
MONK[멍크] — 수도사
MYTHOLOGY[므쌀러쥐] — 신화
NUN[넌] — 수녀
PARADISE[패러다이스] — 천국
PILGRIM[필그럼] — 순례자
PRAYER[프뤠얼] — 기도
PRIEST[프뤼스트] — 성직자
SAINT[쎄인트] — 성자
SERMON[썰먼] — 설교
TEMPLE[템쁠] — 절

미니 스도쿠 _ WISH ; 소망

	W		S
I			
S		H	

▶ 정답 p.122

THINGS WE FIND IN A STATIONARY STORE

```
A P L Y P O S T I T P
B E I R E A S K T K E
I N C E N K T N N X N
N C N N S S N I G C C
R I E O C T I F Z O I
E L P I R Q A E D L L
T C D T A W P P S O S
H A E A Y Q L R L R H
G S R T O E O R E E A
I E O S N S U R Z D R
L U L O S L A L R P P
H K O I E S M B G A E
G X C R E T T O J P N
I S R R P I L C W E E
H B R U S H T O T R R
```

정답 p.119

BRUSH[브뤄쉬] 붓
CLIP[클릅] 클립
COLORED PAPER[컬럴 페이뻘] 색종이
COLORED PENCIL[컬럴 펜설] 색연필
CRAYON[크뤠이안] 크레파스
ERASER[이뤠이썰] 지우개
GLUE[글루] 풀
HIGHLIGHTER[하일라이덜] 형광펜
INK[잉크] 잉크
JOTTER[좌럴] 수첩
KNIFE[나이프] 칼
NIB[닙] 펜촉
PAINTS[페인츠] 물감
PEN[펜] 펜
PENCIL CASE[펜설 케이스] 필통
PENCIL SHARPENER[펜설 샾프널] 연필깎이
POST-IT[퍼스팃] 포스트잇
RULER[룰러얼] 자
SCISSORS[씨절스] 가위
STAPLER[스떼이플럴] 스테이플러
STATIONERY[스떼이셔너뤼] 문방구

미니 스도쿠 _ TAPE ; 테이프

			P
	E		
		T	
A			

▶ 정답 p.122

81

MUSIC IS THE UNIVERSAL LANGUAGE

```
P M S S T A G E Y C L
Z E O O V U O M O T A
F L R T P A B N U E C
I O P F R R C E W N I
B D U E O E A J D O S
A Y P G R R C N L R U
R O I T R S M N O Z M
I G P S S A B A O U P
T E S O P M O C N C N
O R E C I T A L R C A
N E A I M H K H O L E
E N U S G W Y B T S Y
R U C U H T W O G S W
C T X M H R E G N I S
D P B M T J O G B C V
```

ALTO[앨토우]		알토
BARITONE[배러토운]		바리톤
BASS[베이스]		베이스
COMPOSE[컴포우즈]		작곡하다
CONCERT[칸설트]		음악회
CONCERTO[컨체얼토]		협주곡
DEBUT[데비유]		첫 무대
GIG[기그]		공연
MELODY[멜러디]		선율
MUSIC[뮤직]		음악회
MUSICAL[뮤지끌]		뮤지컬
OPERA[아쁘러]		오페라
PERFORMANCE[펄포얼믄스]		공연
RECITAL[뤼싸이덜]		독주회
RHYTHM[뤼덤]		운율
SINGER[싱어]		가수
SOLO[솔로우]		독창
SOPRANO[서프래노우]		소프라노
STAGE[스떼이쥐]		무대
TENOR[테널]		테너
TUNE[튜운]		선율, 곡조

미니 스도쿠 _ SONG ; 노래

	S	N	
		O	G

▶ 정답 p.122

83

A PAINTING FULL OF COLOR AND EMOTION

```
T H S U R B X I C S S
F S Q C F W A L A I T
G T I W U T I L N U A
A A J L E L G U V Q T
L T X L E N P S A O U
L U I J I T H T S R A
E E C W S K S R O C R
R X A I R N J A Q R Y
Y R T O H I J T P Y P
D R W R E T N I A P A
A C R Y L I C O X U L
T F A R C I D N A H E
P O R T R A I T C Q T
L E S A E P O P A R T
B N O O T R A C A Z E
```

ACRYLIC[어크릴릭] 아크릴
ARTIST[알디스트] 화가
ATELIER[애덜리에이] 화실
BRUSH[브뤄시] 붓
CANVAS[캔버스] 캔버스
CARTOON[칼투운] 만화
CROQUIS[크로키] 크로키
DRAWING[즈뤄잉] 색칠하지 않은 그림
EASEL[이젤] 이젤
GALLERY[갤러뤼] 화랑
HANDICRAFT[핸디크래프트] 수공예
ILLUSTRATION[일러스트뤠이션] 삽화
PAINTER[페인털] 화가
PALETTE[팰리트] 팔레트
POP ART[팝알트] 현대미술
PASTELIST[패스뗄리스트] 파스텔 화가
PORTRAIT[포울트릿] 초상화
SCULPTOR[스껄털] 조각가
STATUARY[스때츄에뤼] 조각상들
STATUE[스때츄] 조각상들
WORK[월크] 예술작품

미니 스도쿠 _ ARTS ; 미술

		T	
	R		
S			A

▶ 정답 p.122

ON THE PLANET EARTH

```
C T L Z P E J E X A Z
H I L A B O Q B L T G
A D T O U L U Q R Y
N E L C A I S A E C E
N G N T R N T B R O D
E C O R I A E U J P U
L R R N I C T D D S T
S Q E Z I F H N G E I
G P K I R E I C A L G
E R U P T I O N T P N
S A V A N N A C R K O
C I H P A R G O E G L
O N A C L O V X S J H
O A S I S K J T E D A
H L A V A B Z W D F C
```

ANTARCTIC[앤트알띡] 남극의
ARCTIC[알띡] 북극의
CHANNEL[채널] 해협
COPSE[캅스] 초목
DESERT[데절트] 사막
EQUATOR[이퀘이럴] 적도
ERUPTION[이뤕셔은] 화산 폭발
FIRN[퍼언] 만년설
GEOGRAPHIC[지아그러픽] 지리학의
GLACIER[글레이셜] 빙하
GLOBE[글로웁] 지구
ICEBERG[아이스벌그] 빙산
LATITUDE[래더튜드] 위도
LAVA[라버] 용암
LONGITUDE[란쥐튜드] 경도
OASIS[오에이시스] 오아시스
PENINSULA[퍼닌슬러] 반도
POLAR[포울럴] 북극의, 남극의
SAVANNA[스배너] 사바나
TIDE[타잍] 조수
VOLCANO[벌케이노] 화산

미니 스도쿠 _ SOIL ; 토양

			S
	O		
I			
		L	

▶ 정답 p.122

FIVE GREAT OCEANS AND SIX CONTINENTS

```
L F Y Y E E A S J F B
S J A S I M N N V E O
A A C F E O X I F P M
H U Y R Z P S N H O E
A S I A T A P A C R D
R C M F L A L E R U I
A A A R C A A B K E T
M S B I Z N M B I C E
H P F C I H A I U I R
X I Z A G L E R H T R
C A C I T C R A T N A
I N D I A N O C E A N
X S C S R G K Y S L E
C E Q Z C U J T S T A
G A N G E S E D N A N
```

AFRICA[애프리커] 아프리카
ALPS[앨프스] 알프스
AMAZON[애머잔] 아마존
AMERICA[어메리커] 미국, 아메리카 대륙
ANDES[앤디즈] 안데스
ANTARCTICA[앤탈디커] 남극대륙
ASIA[에이져] 아시아
ATLANTIC[앳랜틱] 대서양
BALTIC[볼틱] 발틱해
CARIBBEAN[캐러비언] 카리브해
CASPIAN SEA[캐스삐언 씨] 카스피해
EUROPE[유뤄업] 유럽
GANGES[갠쥐즈] 겐즈강
HIMALAYAS[히멀레이어즈] 히말라야
INDIAN OCEAN[인디언 오션] 인도양
KOREA[코뤼어] 한국
MEDITERRANEAN[메더터뤠이니은] 지중해
OCEANIA[오쉬애니어] 오세아니아
PACIFIC[퍼쓰픽] 태평양
RHINE[롸인] 라인강
SAHARA[서해뤄] 사하라

미니 스도쿠 _ NAIL ; 나일강

		A	
N			
		I	
		L	

▶ 정답 p.123

WHAT IS AILING YOU?

```
Y E R N F F R E C L U
R N E O Q S T R E S S
U C T I Y G R E L L A
J A S T A M E Z C E S
N N I A A C O L D E M
I C L P D I I H L F N
D E B I H O S S H O J
I R F T B S A E I P G
A G E S L E A S N R I
B O V N M D S R A M Q
E U E O A E G Z J C A
T T R C R Z E P M U L
E T H P O B E S I T Y
S E E B A C K A C H E
S D Z X H I P W K F J
```

ACNE[액니]		여드름
ALLERGY[앨러쥐]		알레르기
AMNESIA[앰니지어]		기억 상실
BACKACHE[배께이크]		요통
BLISTER[블리스털]		물집
BOIL[보일]		종기
CANCER[캔썰]		암
COLD[코울드]		감기
CONSTIPATION[칸스터페이션]		변비
DEPRESSION[디프레션]		우울증
DIABETES[다이어비디스]		당뇨병
ECZEMA[엑지머]		습진
FEVER[피벌]		열
GOUT[가우트]		통풍
GRAZE[그레이즈]		찰과상
HEADACHE[헤데이크]		두통
INJURY[인저뤼]		부상
LUMP[럼프]		혹
MEASLES[미절즈]		홍역
OBESITY[오비서티]		비만
RASH[뤠쉬]		발진
STRESS[스뜨뤠스]		스트레스
ULCER[얼써얼]		궤양

미니 스도쿠 _ CORN ; 티눈

			C
	R	N	
O			

▶ 정답 p.123

91

WHAT SPORTS ARE YOU INTERESTED IN?

```
F G L O Z E P V H G M
O N L D J U D O S N W
O I A N P O O L C I R
T D B E H Y G L I T E
B A E K O B N E T F S
A L S G C A O Y S I T
L B A S K E T B A L L
L R B O E R N A N T I
R E O P Y O I L M H N
O L W O T B M L Y G G
W L L F O I D N G I K
I O S X I C A F Z E H
N R I J P S B D L W U
G N I D I R E S R O H
G L L A B D N A H C G
```

AEROBICS[에뤄빅스] 에어로빅
BADMINTON[뱯민튼] 배드민턴
BASEBALL[베이스버얼] 야구
BASKETBALL[배스낏버얼] 농구
BOWLS[보울즈] 볼링
BOXING[박싱] 복싱
FOOTBALL[풋버얼] 축구
GOLF[갈프] 골프
GYMNASTICS[짐내스틱스] 체조
HANDBALL[핸버얼] 핸드볼
HOCKEY[하끼] 하키
HORSE RIDING[호올스 롸이딩] 승마
JUDO[쥬도우] 유도
KENDO[켄도우] 검도
POOL[푸울] 당구
ROLLERBLADING[롤러블레이딩] 인라인 스케이팅
ROWING[로우잉] 조정
VOLLEYBALL[발리버얼] 발리볼
WEIGHTLIFTING[웨잇리프팅] 역도
WRESTLING[뤠슬링] 레슬링
YOGA[요우거] 요가

미니 스도쿠 _ SUMO ; 스모

S			
			U
		M	
O			

▶ 정답 p.123

93

THINGS YOU NEED FOR EVERYDAY LIFE

```
F R E N E T F O S O Z
L N X M A T C H E S M
U A P R O N A Y P O D
O R G O W M T X P D E
R E P A P T E L I O T
E I G O B S R S L B E
S R O N O N H B L R R
C D H A O C I U Z E G
E R P C L P B B G G E
N I B O A T S R F N N
T A T U H E A H U A T
L H R G L H L O S H P
A B I S C B S B E I L
M L Y R E T T A B U D
P T O O T H P A S T E
```

APRON[에이쁘런] 행주치마
BATTERY[배더뤼] 건전지
BIN BAG[빈 백] 쓰레기 봉투
BLEACH[블리취] 표백제
BULB[벌브] 전구
CHARGER[찰절] 충전기
DETERGENT[디털전트] 세제
DISHCLOTH[디쉬클로쓰] 행주
DISH SPONGE[디쉬펀쥐] 수세미
FLUORESCENT LAMP[플뤄레슨트 램프] 형광등
FUSE[퓨즈] 퓨즈
HAIR DRIER[헤얼 즈라이얼] 헤어 드라이어
HANGER[행얼] 옷걸이
LIGHT BULB[라잇벌브] 백열등
MATCHES[매취스] 성냥
MOP[맙] 대걸레
SHAMPOO[쉠푸] 샴푸
SOAP[소웊] 비누
SOFTENER[숲널] 섬유 유연제
TOILET PAPER[토일릿 페이뻘] 화장지
TOOTHPASTE[투쓰페이스트] 치약

미니 스도쿠 _ PLUG ; 플러그

			U
		L	
P			
	G		P

▶ 정답 p.123

95

NAMES OF HUMAN BODY PARTS

```
B W R E T I N A C T N
E R W O B L E H V S O
A I H Z D Z E V O I T
R N H Z Y E G H H A T
D K I M K A N U S W U
E L P P A S M A D A B
V E F F T R Z S T W Y
L S F O R E H E A D L
D I T T J E K S E R L
I A R A O C C A O T E
L A W T O N R K S L B
E R V S S L G I L K E
Y M E K O O R U G E L
E Y Z B P W N E E I S
E M E H S A L E Y E U
```

ADAM'S APPLE[애덤스 애쁠]		목젖
ANUS[에이너스]		항문
ARM[암]		팔
BEARD[비얼드]		턱수염
BELLY BUTTON[벨리벝은]		배꼽
CHEEK[췩]		뺨
EARLOBE[이얼로웁]		귓볼
ELBOW[엘보우]		팔꿈치
EYELASH[아일래쉬]		속눈썹
EYELID[아일릳]		눈꺼풀
EYE SOCKET[아이 사킷]		눈구멍
FOREHEAD[포얼헫]		이마
FRECKLE[프레끌]		주근깨
HIP[힙]		엉덩이 상부
JAW[쟈]		턱
NOSTRIL[나스뜨럴]		콧구멍
RETINA[뤠트너]		망막
SOLE[소울]		발바닥
TONGUE[텅]		혀
WAIST[웨이스트]		허리
WRINKLE[륑끌]		주름
WRIST[뤼스트]		팔목

미니 스도쿠 _ PALM ; 손바닥

		A	
	P		
M			L

▶ 정답 p.123

97

# DID YOU HEAR TODAY'S WEATHER FORECAST?

```
C Y E B L A S T J T T
H L N Z Y D R G I S S
U L O C E M A E H F A
M I I U U E H M J A C
I H R G D N R I P V E
D C G G E L C B M O R
H Y G R O M E T E R O
N B H J Y Q L S B A F
E A L N Z Y S L S B R
F Z I E R I I X L E
B A A T A Z U V Y E H
R N L H Z K S L E E T
U U R A I N F A L L A
S Z R E L Z Z I R D E
S D T S A C R E V O W
```

BLAST[블래스트] 강풍
BLEAK[블릭] 살을 에는 듯한
BLIZZARD[블리절드] 눈보라
BREEZE[브뤼즈] 미풍
CELSIUS[셀시어스] 섭씨
CHILLY[칠리] 으슬으슬 추운
CLOUDLESS[클라울리스] 구름 없는
DAMP[댐프] 습기 찬
DRIZZLE[드뤼절] 이슬비
FAHRENHEIT[패런하이트] 화씨
FAVORABLE[페이버러벌] 맑은
HAZE[헤이즈] 아지랑이
HUMID[휴밋] 습기 찬
HYGROMETER[하이그라미럴] 습도계
ICY[아이시] 얼음이 어는
MUGGY[머기] 후덥지근한
OVERCAST[오벌캐스트] 흐린
RAINFALL[뤠인펄] 강우량
RAINY[뤠이니] 비오는
SLEET[슬리잍] 진눈깨비
SULTRY[설트뤼] 찌는 듯 더운
WEATHER FORECAST[웨덜 포얼캐스트] 일기예보

미니 스도쿠 _ WARM ; 따뜻한

W			A
		R	
			M

▶ 정답 p.123

 # I'M STAYING AT A FANCY HOTEL TONIGHT

```
D R B N B V A B D T R
O E B C I N L O R E Y
N P S E U K O I C H R
O E L A L R C E F O C
T E S O M L P E O T H
D K Q A W T H M H M E
I E N E I S S O I C C
S S B O Y E E N P Y K
T U N O R C I A R B O
U O D V O B N N S B U
R H I H A K R A N O T
B C K R A P R A C L N
E L L A C P U E K A W
G U E S T H O U S E V
C O R R I D O R O O D
```

BELLHOP[벨합]			벨보이
BOOK[북]			예약하다
CAR PARK[칼 팔크]			주차장
CHECK IN[췌낀]			체크인하다
CHECK OUT[췌까웃]			체크아웃하다
CORRIDOR[코뤼더얼]			복도
DO NOT DISTURB[두 낫 디스털브]			방해하지 마세요
DOOR[도얼]			문
DOORMAN[도얼믄]			문지기
GUESTHOUSE[게스트하우스]			민박집
HOUSEKEEPER[하우스키뻘]			청소부
INN[이은]			여관
LIFT[리프트]			엘리베이터
LOBBY[라비]			로비
LOW SEASON[로우 시즌]			비수기
MINIBAR[미니바얼]			소형 냉장고
RECEPTION[뤼셉션]			안내소
ROOM SERVICE[룸 설비스]			룸서비스
SAUNA[서너]			사우나
VACANCY[베이큰시]			빈 방
WAKE-UP CALL[웨이껍 콜]			모닝콜

미니 스도쿠 _ RATE ; 요금

A			
		T	
			E
R			

▶ 정답 p.123

101

IMAGINE A WORLD WITHOUT A COMPUTER

```
C E I T A N L I A M E
T A L I I O C G K L L
T S B I N I T E V L R
P N Y L F T S N A V E
O Y E T E P E W I C S
T K P M I Y E R C Y T
K E C R H R N L N B A
S Y A K I C U O E E R
E B Q F Q N A C G R T
D O Y H N E T T E O U
H A R D W A R E T S L
D R O W S S A P R A V
I D M O N I T O R B B
S V E P O T P A L K J
K Q M O N L I N E L W
```

ATTACHMENT[어태취먼트] 첨부자료
CABLE[케이벌] 전선
CYBER[사이벌] 인터넷의
DESKTOP[데스탑] 데스크탑 컴퓨터
DISK[디스크] 디스크
EMAIL[이메이얼] 이메일
ENCRYPTION[엔크륍션] 암호화
FILE[파이얼] 파일
FIREWALL[파이얼월] 방화벽
HARDWARE[할훼얼] 하드웨어
INTERNET[인덜넷] 인터넷
KEYBOARD[키보얼드] 키보드
LAPTOP[랩탑] 노트북
LOG-ON[러건] 로그인
MEMORY[메머뤼] 메모리
MONITOR[마니터얼] 모니터
ONLINE[안라인] 온라인
PASSWORD[패스월드] 비밀번호
PRINTER[프륀털] 프린터
RESTART[뤼스타알트] 재시작하다
SECURITY[써큐얼러티] 보안

미니 스도쿠 _ DISK ; 디스크

			K
	S		
D		I	

▶ 정답 p.123

정답 10×10

IT IS A BEAUTIFUL SPRING DAY
p.8

I'M A BIG FAN OF SOCCER
p.9

PLANETS IN THE UNIVERSE
p.10

WHAT KIND OF MUSICAL INSTRUMENT CAN YOU PLAY? p.11

104

WHAT IS YOUR FAVORITE COLOR?
p.12

CREATE YOUR OWN DESIGNS BY USING SHAPES p.13

GREAT ATTRACTIONS OF A CIRCUS SHOW
p.14

WONDERS OF WILDLIFE
p.15

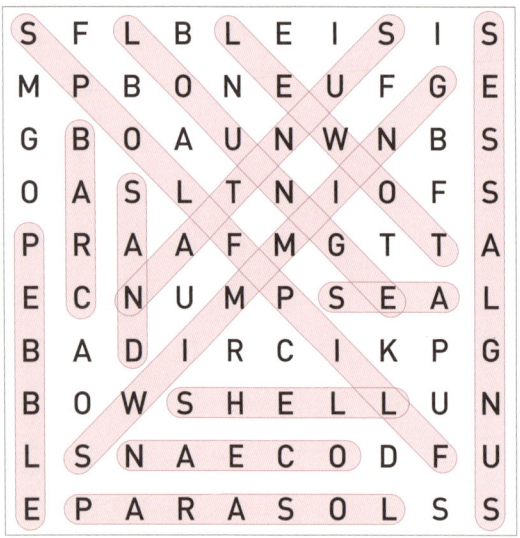

A PERFECT SUMMER VACATION ON THE BEACH p.16

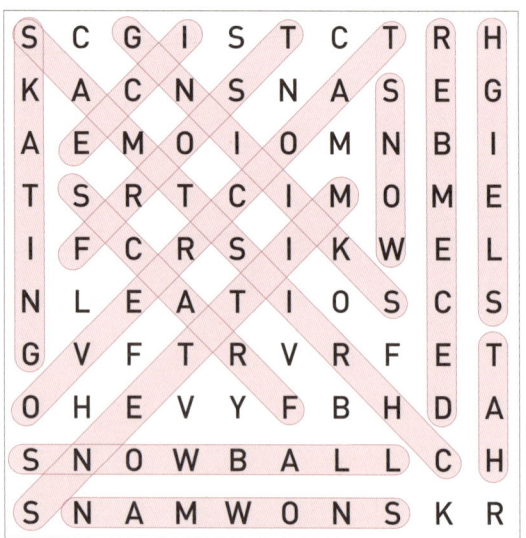

BE CAREFUL WHEN YOU PLAY OUTSIDE IN WINTER p.17

WHAT IS YOUR FAVORITE FLOWER? p.18

THE SUMMER BREAK IS JUST AROUND THE CORNER p.19

NAMES OF CAR PARTS
p.20

TREES OF VARIOUS SORTS
p.21

HAVE A GREAT TIME WITH YOU FAMILY AND RELATIVES p.22

I LOVE ALL KINDS OF ICE CREAM
p.23

I NEVER GO NEAR BUGS AND INSECTS
p.24

I'M JUST GOING TO A BAKERY
p.25

WHAT'S THE WEATHER LIKE TODAY?
p.26

I WAS UP ALL NIGHT SEWING
p.27

**THE SONG OF BIRDS HERALDS
THE APPROACH OF SPRING** p.28

I'M GOING TO SCHOOL
p.29

HAPPY BIRTHDAY!
p.30

**ONE HOUR TODAY IS
WORTH TWO TOMORROW** p.31

DO YOU KNOW ANYTHING ABOUT ASTRONOMY? p.32

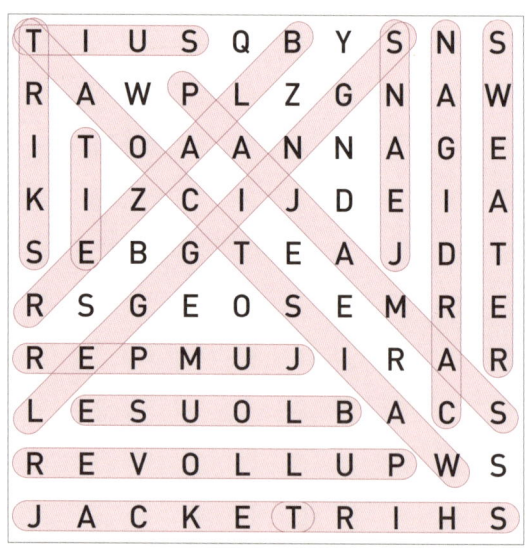

FINE CLOTHES MAKE THE MAN p.33

EVERY HONEST OCCUPATION DESERVES ESTEEM p.34

LOOK INTO YOUR TOY BOX p.35

DO YOU NEED NEW FURNITURE FOR YOUR ROOM? p.36

ANIMALS YOU CAN SEE AT THE ZOO p.37

GOOD CLOTHES OPEN ALL DOORS p.38

FINE FEATHERS MAKE FINE BIRDS p.39

WHICH FOOD DO YOU LIKE?
p.40

WHAT DID YOU EAT LAST NIGHT?
p.41

EAT AS MUCH AS YOU WANT
p.42

I WONDER WHAT IT TASTES LIKE
p.43

TELL ME ABOUT YOUR DREAM HOUSE
p.44

PLEASE HELP ME CLEAN THE HOUSE
p.45

HOW DO YOU START A CONVERSATION?
p.46

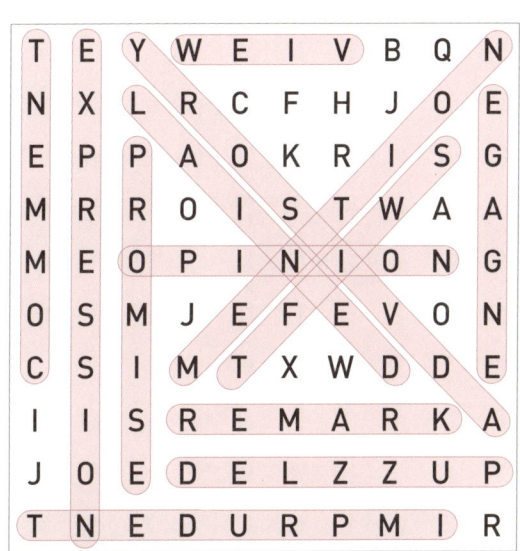

THE BEST OF LIFE IS CONVERSATION
p.47

113

I'M FINDING A PERSON TO CHAT WITH
p.48

I'D LIKE TO TELL YOU HOW I FEEL
p.49

TRY TO EXPRESS YOUR EMOTION
p.50

WHAT YOU SEE IS NOT AN ILLUSION
p.51

DO NOT ALWAYS BELIEVE WHAT YOU HEAR
p.52

WE ARE LIVING IN AN AGE OF MASS MEDIA
p.53

EVERY COUNTRY HAS ITS OWN CURRENCY
p.54

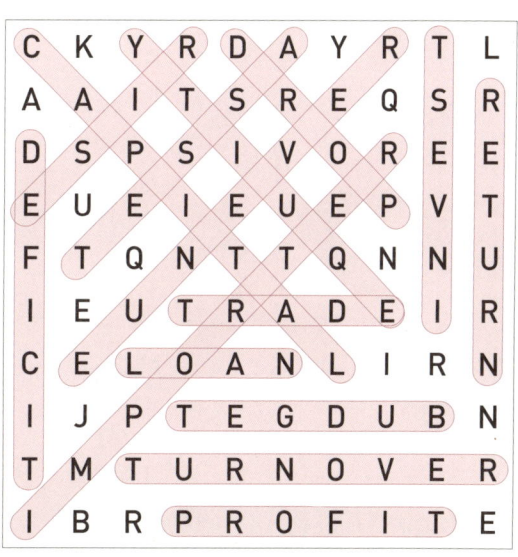

LET'S TALK ABOUT ECONOMIC ISSUES
p.55

정답 11×15

HOW WOULD YOU DESCRIBE HIS CHARACTER? p.56

WHAT KIND OF PERSONALITY DO YOU HAVE? p.58

ARE YOU PLANNING AN OVERSEAS TRIP? p.60

THEY'RE ALL SOLD OUT! p.62

116

**DO YOU WANT TO GO OUT
AND GRAB A BITE?** p.64

HOW DO YOU GO TO WORK? p.66

WHAT IS YOUR FAVORITE ANIMAL? p.68

LET ME TELL YOU ABOUT MY HOBBIES p.70

117

DO YOU LIKE IT OR NOT? p.72

**WE ARE WINNING
THE WAR AGAINST CRIME** p.74

THE PUBLIC IS THE BEST JUDGE p.76

WHAT RELIGION DO YOU BELIEVE IN? p.78

**THINGS WE FIND
IN A STATIONARY STORE** p.80

MUSIC IS THE UNIVERSAL LANGUAGE
p.82

**A PAINTING FULL OF COLOR
AND EMOTION** p.84

ON THE PLANET EARTH
p.86

119

FIVE GREAT OCEANS AND SIX CONTINENTS p.88

WHAT IS AILING YOU? p.90

WHAT SPORTS ARE YOU INTERESTED IN? p.92

THINGS YOU NEED FOR EVERYDAY LIFE p.94

NAMES OF HUMAN BODY PARTS p.96

DID YOU HEAR TODAY'S WEATHER FORECAST? p.98

I'M STAYING AT A FANCY HOTEL TONIGHT p.100

IMAGINE A WORLD WITHOUT A COMPUTER p.102

정답 미니스도쿠

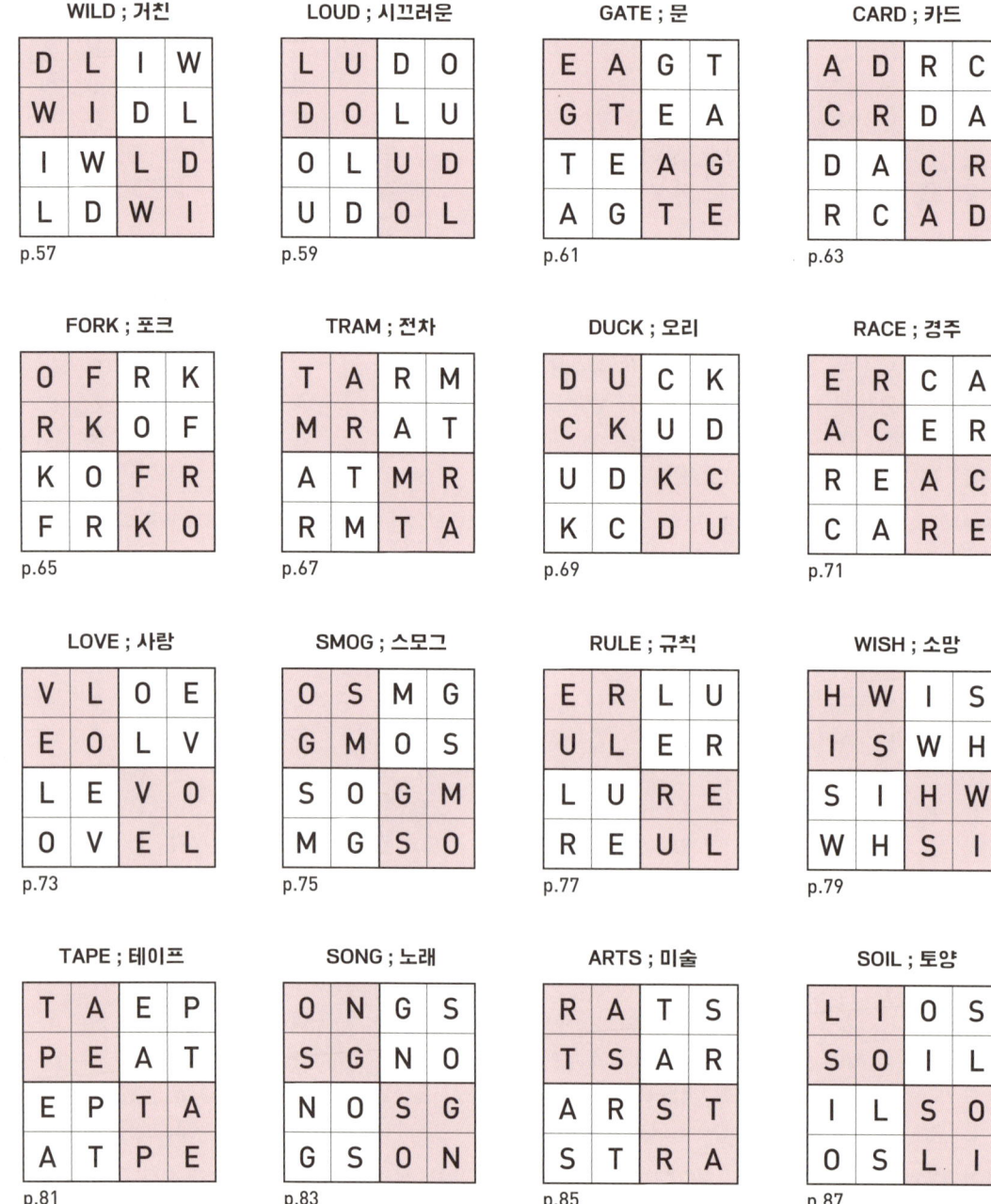

NAIL ; 나일강

I	L	A	N
N	A	I	L
L	I	N	A
A	N	L	I

p.89

CORN ; 티눈

R	C	O	N
N	O	R	C
C	R	N	O
O	N	C	R

p.91

SUMO ; 스모

S	U	O	M
M	O	S	U
U	S	M	O
O	M	U	S

p.93

PLUG ; 플러그

G	L	P	U
U	P	L	G
P	U	G	L
L	G	U	P

p.95

PALM ; 손바닥

L	M	A	P
A	P	L	M
M	A	P	L
P	L	M	A

p.97

WARM ; 따뜻한

W	M	R	A
R	A	W	M
M	R	A	W
A	W	M	R

p.99

RATE ; 요금

A	T	E	R
E	R	T	A
T	A	R	E
R	E	A	T

p.101

DISK ; 디스크

I	D	S	K
K	S	D	I
D	K	I	S
S	I	K	D

p.103

123

영어 단어 퍼즐

ⓒ 2017 김영주

초판1쇄 발행 2017년 1월 20일
초판5쇄 발행 2024년 12월 23일

지은이 김영주

펴낸이 김재룡
펴낸곳 도서출판 슬로래빗

출판등록 2014년 7월 15일 제25100-2014-000043호
주소 (04790) 서울시 성동구 성수일로 99 서울숲AK밸리 1501호
전화 02-6224-6779
팩스 02-6442-0859
e-mail slowrabbitco@naver.com
블로그 http://slowrabbitco.blog.me
포스트 post.naver.com/slowrabbitco
인스타그램 instagram.com/slowrabbitco

기획 강보경   편집 김가인   디자인 변영은 miyo_b@naver.com

값 9,500원
ISBN 979-11-86494-22-6 13740

「이 도서의 국립중앙도서관 출판시도서목록(CIP)은 서지정보유통지원시스템 홈페이지(http://seoji.nl.go.kr)와 국가자료공동목록시스템(http://www.nl.go.kr/kolisnet)에서 이용하실 수 있습니다. (CIP제어번호: CIP2017000387)」

- 잘못된 책은 구입하신 곳에서 바꾸어 드립니다.
- 저자와 출판사의 허락 없이 내용의 일부를 인용, 발췌하는 것을 금합니다.
- 슬로래빗은 독자 여러분의 다양하고 참신한 원고를 항상 기다리고 있습니다. 보내실 곳 slowrabbitco@naver.com